ＩＴ化とは──

お金は企業の血液、情報は企業の神経。企業は、お金が回らなくなると倒産し、情報が回らなくなると機能障害を起こす。人の神経は生まれながらに備わっているが、企業の神経は自ら作り出さなければならない。ＩＴ化とは、組織が自分の身の丈に合った神経系統を作り出すこと、つまり情報を的確迅速に収集蓄積し、分析し、活用する仕組みを、ＩＴを駆使して構築するプロセスであり、経営者にとって最も重要な仕事の一つである。

いま
あなたの
会社に
必要なこと

企業IT化の教科書

横山さだお

駿河台出版社

はじめに

ＩＴが企業や社会のすみずみにまで浸透し、ＩＴなしには私たちの生活が成り立たない時代を迎えています。しかし経済産業省等の調査によれば、ＩＴを十分有効に使いこなしている企業は全体の二割りに満たないと言われています。この数字は大企業を含めたものですから、中小企業におけるＩＴの活用はまだやっと緒についた状況ではないかと推察されます。

一方でシステム障害の多発、個人情報の漏洩、ソフトウェアの不良資産化、ウイルス被害、ユーザとＩＴベンダーとのトラブルなどＩＴ化にともなう諸問題が顕在化しています。企業わけても中小企業で、ＩＴ化が必ずしも順調に進展していない要因として、経営者のＩＴに対する理解度の低さが指摘されています。

「ＩＴのことは、からっきし分かりませんワ」
「パソコンは全くダメでネェ」

と口にする社長が多いのは事実です。

多くの経営者が**ＩＴを敬遠する理由**はさまざまでしょうが、**ＩＴ関連の書物やＩＴ関係者の言**

動に起因している面があるように思います。書店に行けばITに関する書籍や文献がうず高く積まれています。これらは専門家にとっては極めて有益なものですが、経営者には決して理解しやすいものではありません。ITの専門家が当たり前に使っている用語も素人にはとっつきにくいものです。

「わが社のIT化は、思ったほど効果があがっていないが、どうしたらよいだろうか」

との社長の質問に、例えば

「ITガバナンスに問題があるのではないでしょうか」
「イントラネットを構築し、グループウェアとワークフローを導入したらどうですか」
「ERPを導入し、BPRを進めませんか」

などと専門家に答えられても、社長は困惑するばかりです。ましてITのシンポジウムや学会で論じられている先端的な技術論や手法論は、中小企業の実状とあまりにも乖離《かいり》し、ほとんど無縁の議論にさえ思えます。筆者はこれを「ITの壁」だと考えています。勿論**この壁は社長や経営者の前にのみ存在するわけではありません。経営を支える幹部や管理者にとっても、簡単には**

取り払えない壁があると実感しています。

本書は専門用語の使用をなるべく少なくし、ビジネスの現場で日夜陣頭指揮をとっておられる中小企業の社長さんや幹部の方々に、ごく自然にＩＴ活用の必要性と**自分の役割を認識して戴くこと**を念頭に置いています。本書を読んでもパソコンが使えるようになったり、インターネットに強くなったりはしません。そんなことより、ＩＴ化を進める上で、経営幹部としてどうしても関与しなければならない仕事、知っておかなければならない事柄に絞って解説しています。**経営者とＩＴとの正しい関係を理解し、的確な行動をとって戴きたい**との思いでこの本を執筆しました。

日本は、ＩＴ先進国である米国に次ぐ大きなＩＴ投資をしています。にもかかわらず、民も官も世界的に見てＩＴ化度は低いと言われています。長期不況を脱し、ようやく明るさが見えてきたわが国の経済も、製造業の空洞化、半導体産業の失速に加え、他を圧倒してきた家電や自動車までが後発国の急追を受けています。ソフトウェア産業でさえ中国やインドなど高レベルの技術者を抱えた国に大きく依存するようになっています。モノ作りもソフトの分野も、海外企業にお株を奪われかねない状況にあります。わが国約百六十万の企業の99％を占める中小企業の効率的かつ効果的なＩＴ化こそ、国際競争力を高める源泉となるものです。各企業の経営者が、営業や生産や財務や人事に示す関心と同等のレベルで、ＩＴと向き合って戴くことを切に念願しています。

第1章、第2章では、ＩＴの壁の正体、ＩＴの真の意味と価値、トップが取り組むべき仕事について述べています。第3章では技術と人の問題、特に情報担当役員（ＣＩＯ）の任務に触れています。第4章ではシステム作りの実態、ＩＴ技術者の特性について述べています。第5章でＩＴ投資評価の問題、第6章ではとかくトラブルの多いアウトソーシングの問題を取り上げています。第7章、第8章はやや経営論的な内容となっていますが、ビジネス戦略とＩＴ化戦略について論じています。各章の始めには、その章で取り上げたキーフレーズをまとめてあります。またコンピュータ、システム開発、情報セキュリティ、ＩＴサービス、ＩＴ経営、インターネット、電子商取引など各章の内容を補足する項目について、コラムを設け解説しています。コラムをスキップしていただいても、本文を理解する上で支障はありませんが、参考にして戴ければ幸いです。

本書で指摘した諸事項を確認していただくため、巻末に「ＩＴ化チェックリスト」を載せました。またＩＴ化に関連してしばしば使われる言葉を抜粋し、巻末に用語集として整理しました。

現在私たちが使っているような方式のコンピュータが世に現れてから半世紀超、インターネットの原型ができてから三十数年、その間、次から次ぎに新しい概念や言葉が生まれました。あるものは生き残り、あるものは消えて行きました。ＩＴの専門家でさえ、新しい動きに追随するのは大変なことで、自分の守備範囲の勉強だけで精一杯です。経営のトップにおられる方々は、ＩＴ分野のさまざまな流行に翻弄《ほんろう》されることなく、ＩＴの本質、普遍的な事柄をきちっと把握し、間違いのない対応をされることが期待されています。そのことこそがいまいちばん会社が必要としていることだと、私は確信をしております。

二〇〇五年三月

著者

目次

第1章

中小企業とＩＴの壁

この章のキーフレーズ

■日進月歩の技術に追随するのは難しい

■中小企業のＩＴスタッフ不足、情報収集力不足、情報分析力不足が壁

■ＩＴ投資に対する内外の壁は大きい

■ＩＴ化を進める上で最もやっかいなのは、経営者の心理的な壁

■必要な情報が、必要な時に的確に得られない企業は、先行きが暗い

■トップは技術そのものより、技術の利用価値を知ることが重要

■ＩＴはたかが道具、されど企業の競争優位を左右する重要な商売道具

■ＩＴ企業でもない企業のトップが、ＩＴを理解できないのは当然

■なぜＩＴ化するのか、どのようになることが望ましいのかを示すこと

■トップは、技術からアプローチせず、経営面からアプローチすること

1 ＩＴ化をはばむ壁

壁を作る四つの要因

経営者のＩＴに対するアレルギーを一言で「ＩＴの壁」と言いましたが、この壁はさまざまな要素からできあがっているように思います。

一つ目は**技術の壁**です。情報技術（ＩＴ）の進歩の早さを、よくドッグイヤー（dog year）と呼びます。犬の寿命は人間より短く、数倍の早さで生きているように、ＩＴが他の技術より数倍のスピードで変化していることを指しています。「半導体の集積度は十八ヶ月で二倍になる」というムーアの法則、「通信網の帯域幅（速度）は半年で二倍になる」というギルダーの法則など、いろいろな人がＩＴにかかわる変化の度合いを論じています。特に近年インターネットが劇的に普及するにつれて、世界中の研究者や専門家の情報交流や情報共有が進み、新しい知恵の競い合いが活発になされています。マイクロソフト社の創始者ビル・ゲイツ氏が若くして億万長者になったように、ＩＴの世界は野心のある若者にとって、極めて魅力的な領域なのです。新しいアイデアが次々と現れ、あるものは市場に受け入れられ、あるものは消えて行きます。**ＩＴのプロと**

いえども日進月歩の技術に追随することは難しいのが現実です。ごく普通の企業経営者や管理者には、ＩＴがどんどん遠ざかっていくように思えるのは無理からぬことと言えます。

二つ目は**人材の壁**です。大企業には立派なＩＴスタッフが揃っているかも知れませんが、ただでさえ人件費負担に苦しんでいる中小企業には、そんな余裕はないように思います。本務の片手間にＩＴ担当も兼務させるのが精一杯です。一方、ＩＴ技術者から見ても、ＩＴを本業としない一般の中小企業では、自分の力を十分発揮できないと同時に、勉強のチャンスも少ないと感じています。ＩＴ技術者は、技術的に置いて行かれるという恐怖を、いつも抱いているものです。中小企業が**有能なＩＴスタッフを抱えること**は、大変難しい状況にあると言わざるを得ません。

三つ目は**情報の壁**です。インターネットの基本技術を開発したメトカーフが「ネットの効用は、参加人数の二乗に比例する」と言っていますが、大企業の人的なネットワークの大きさに比べ、中小企業のそれは小さいものです。有力な情報を持っているのは社長だけ、というような危うい企業も少なくありません。ましてＩＴ活用に関する最新動向や、世界中に存在するであろう同業者のＩＴ動向などを、迅速かつ的確に入手し分析することは、なかなか難しいものがあるように思います。情報がヒト、モノ、カネと並んで第四の経営資源として重視されている今日、ＩＴをめぐる最新情報の収集分析は、企業の競争力を左右する極めて大事なファクターとなりつつあります。とかく見落としがちですが、中小企業の**情報収集力不足、情報分析力不足**は、まさに壁となって立ちふさがっています。

四つ目は**資金の壁**です。中小企業にとっては、運用資金の優先度が高く、投資資金は二の次となりやすいものです。**ＩＴにかかわる資金需要**は、初期投資と運用資金に分かれますが、初期投資に当てることができる資金は一般に大きくありません。経営者がＩＴを重視していない場合はなおさらです。金融機関も通常、利益に直結する生産設備への投資にはある程度理解を示しますが、成果の見えにくいＩＴ投資に対しては、厳しい姿勢になりがちです。**中小企業にとって、ＩＴ投資に対する内外の壁は大きいのです。**

最大の壁は経営者の心理的壁

最後に最も注視しなければならないのは、経営者の**心理的な壁**です。経営者のＩＴに対する抵抗感は、この心理的な壁に根ざしています。養老孟司先生は、「人は脳に入力した情報に対し出力として反応し、行動に影響を与える」「特殊なケースとして、何の興味もない情報が入力されても、出力はゼロで、行動に全く影響を及ぼさない」と指摘しています。

経営者が心の中で「ＩＴは分からない」「ＩＴは興味ない」と思えば、ＩＴに関するどんな情報も無意味なものとなります。したがってＩＴが経営者の行動に何の影響も与えず、企業のＩＴ化は無惨なものとなります。心理的な壁は、技術の壁、人材の壁、情報の壁、資金の壁が時間経過とともに合成されてできあがって行くように思います。


技術が分からないから敬遠する。

人材がいないから取り組めない。

正しい情報が入らないから、思いこみや偏見が改まらない。

資金がないからあきらめる。


といったような悪循環を重ね、心理的な壁が堅固になって行きます。ＩＴ化を進める上で最もやっかいなのは、経営者のこの心理的な壁です。

なぜなら技術、人材、情報、資金の壁は、知恵を出し、工夫をし、さらには代替的な方法を動員すれば、克服することが不可能ではありません。

経営者の心の問題は、外から容易にタッチしにくいものです。聞く耳を持たない経営者に、**ＩＴを正しく理解してもらうこと、ＩＴ活用の重要性を認識してもらうこと、経営者の役割が重要だと確信してもらうことこそ企業のＩＴ化成功のカギとなります。**

本書を通し、経営者・管理者がＩＴを拒まず、真正面から向き合うことの大事さを認識し、ＩＴ化を阻害している心理的な壁をとり払って戴きたいと考えています。その前に次節でほんの少しＩＴに関する「基本の基本」について述べますので我慢して下さい。

●小さな壁が集まり大きなアレルギーになる

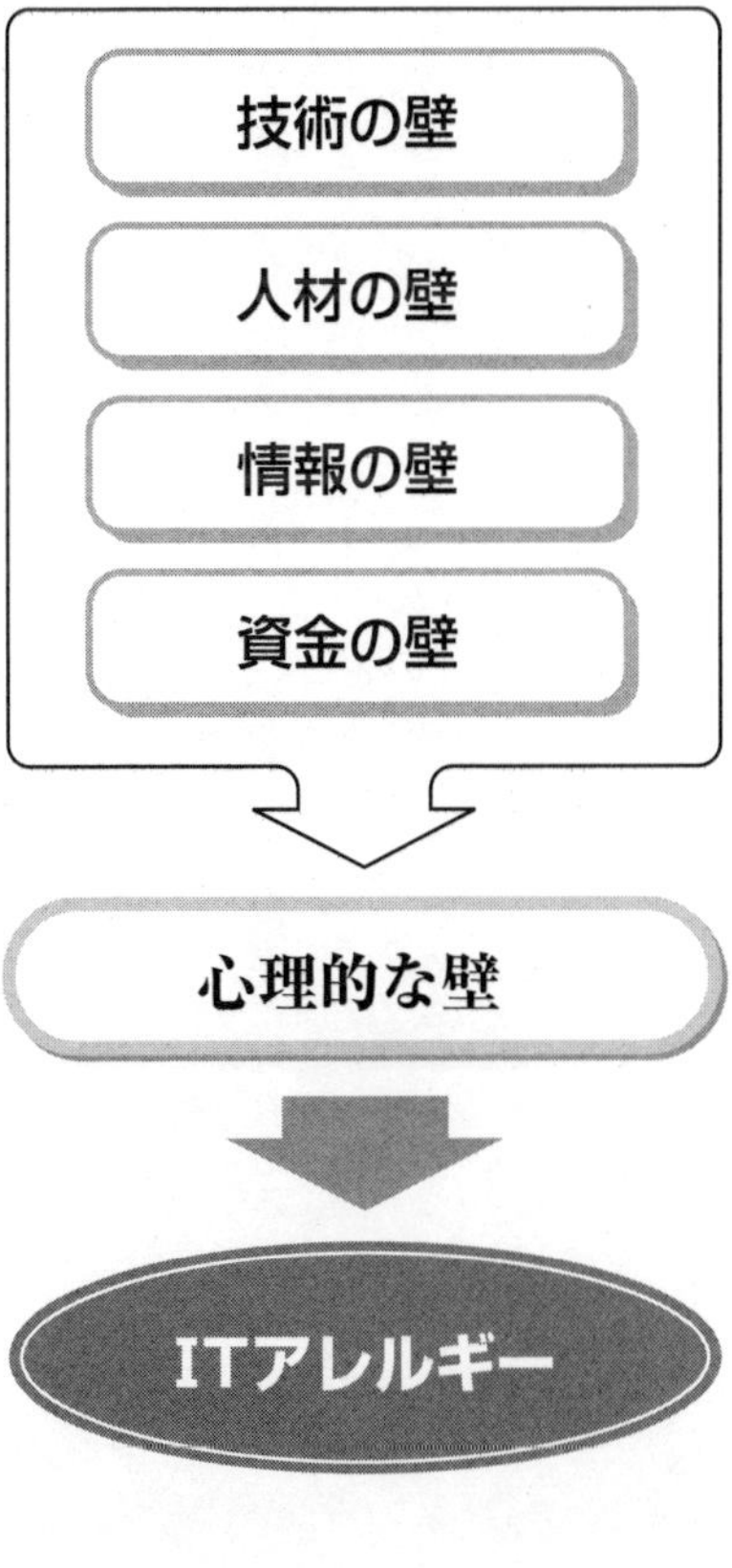

2 たかがＩＴ

パソコンが嫌いだからＩＴが分からないという誤解がかなりあるようです。パソコンは使えるにこしたことはありませんが、使えなくてもＩＴを考える上で支障はありません。簿記ができないから決算のことは分からないというようなトップはいないでしょう。経理処理の基本手順を理解し、貸借対照表、損益計算書、資金繰り表がある程度読めれば、立派に社長は務まるわけです。パソコンが分からなくてもＩＴは理解できるのです。

Ｉ（情報）とＴ（技術）に分けてみよう

ＩＴをＩ（情報）とＴ（技術）に分けて考えて下さい。情報（Ｉ）の重要性はどんな経営者でも身にしみておられるでしょう。お金は企業の血液、情報は企業の神経と言われています。お金が回らなくなったら企業は倒産します。神経が麻痺したら企業は機能障害を起こします。企業のトップから現場の隅々にまで必要な情報が行き渡っている企業は風通しのよい活性化された企業です。その反対で**必要な情報が、必要な時に、的確に得られない企業は、ビジネス活動を危うく**

し、**先行きの暗い企業と言わざるを得ません。**

技術（T）は奥の深いものですから、**トップが自ら勉強しようなどと思う必要はありません。**「技術の壁」でも述べたとおり、IT業界の人間でさえ、変化の早さに乗り遅れまいと四苦八苦しています。**技術そのものより、その技術の利用価値について、大づかみに知ること**が重要です。

ここでIとTの間に、収集、記録、蓄積、分類、加工、分析、検索、伝達、利用などの言葉を入れてみます。例えば、

「I（情報）」を「収集」する「T（技術）」

となります。同じように、他の言葉についても同じ操作をすると、次のようなフレーズができあがります。

「情報を記録・蓄積する技術」
「情報を分類・加工・分析する技術」
「情報を検索する技術」
「情報を伝達する技術」
「情報を利用する技術」

● ＩＴは情報を扱う総合的な技術

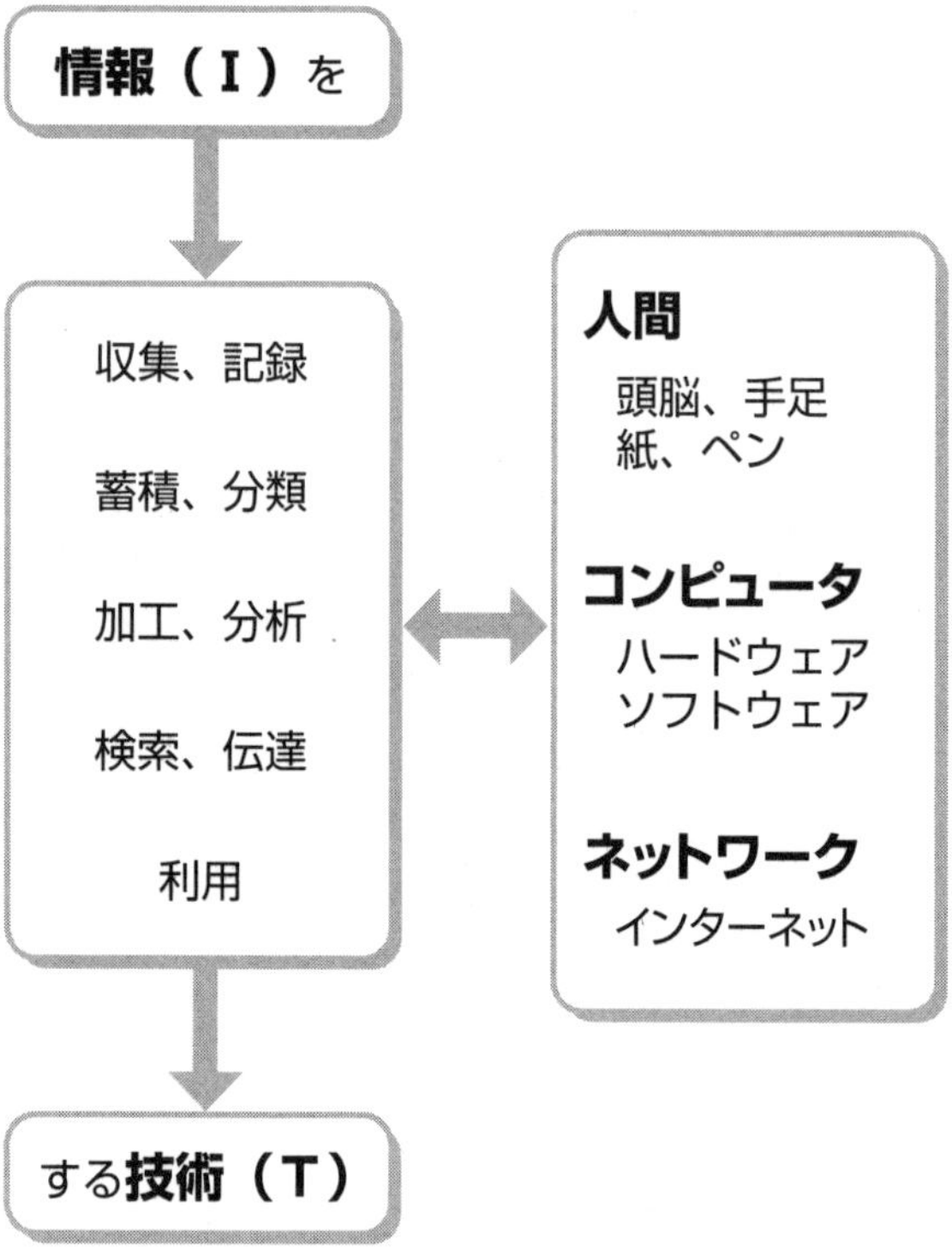

これがＩＴ（情報技術）の姿と言うわけです。情報はただ存在するだけでは価値がありません。企業は好むと好まざるとにかかわらず、さまざまな情報を利用しながら活動しています。コンピュータや通信機器の無い時代には、これらのことを人が頭脳と手足と紙とペンでこなしていたわけです。

産業は道具の発達とともに変化を遂げてきました。情報を取り扱う技術も、コンピュータやネットワークの進歩で飛躍的に進化しました。コンピュータやネットワークは、情報を取り扱うための道具と見なすことができます。ＩＴの世界では、道具の発達が例えば情報の加工技術を一層高めるというような側面があり、技術と道具が表裏一体で、切り離せない関係となっています。従って情報を取り扱う手法や概念、コンピュータのハードウェアやソフトウェア、インターネットなどのネットワークに加え、ソフトウェアの開発手法やシステム運用の方法、情報通信の方式などもＩＴと言えます。

さて技術（Ｔ）については、第３章以降でさらに触れますが、ソフトウェアについて、少し話を続けます。

ソフトウェアを知ろう

ソフトウェアを大きく分類すると**基本ソフト**、**ミドルウェア**、**応用ソフト**（アプリケーションソフト）となります。基本ソフトはＯＳ（オペレーティングシステム）などハードウェアに一番近い核となるソフトで、一般的にはコンピュータに付随して提供されます（例えばWindowsや、MacOSなど）。ミドルウェアはデータをコンピュータに上手に格納するソフト（データベースソフトなど）やネットワークを効率的に接続するソフトなどで、これらもメーカ側がソフトウェア会社から提供を受け準備してくれます。われわれ一般ユーザに提供されるコンピュータは、雪だるまのようなもので、だるまの中心にハードウェアがあり、基本ソフトがあります。その外側にミドルウェアがあり、一番外側に応用ソフトがあります。一般ユーザは、ハードウェア、基本ソフト、ミドルウェアの中身を知る必要もなければ、ましていじる必要もありません。勿論、コンピュータの開発に従事しているプロフェッショナルは別です。

　われわれユーザが直接関わりをもつのが、応用ソフトです。経理システム、人事システム、在庫管理システムなど主にユーザが自前で用意するソフトウェアで、アプリケーションソフト、業務用ソフトなどとも呼ばれます。これらのソフトウェアは自社用にゼロから開発する場合もありますし、汎用ソフト（いわば既製品）を導入することもあります。汎用ソフトを自社の事情に合わせて手直しして使うイージーオーダー型もあります。ＩＴ化では、応用ソフトの開

ソフトウェア	**基本ソフト**	ＯＳなど
	ミドルウェア	データベースソフトなど
	応用ソフト	業務用ソフトなど

発や導入が重要な仕事の一つとなります。応用ソフトにどのような機能を持たせるか、どのような方法で調達するかがＩＴ化の成否を左右すると言っても過言ではありません。第4章、第6章で関連する事柄について述べますので、参考にして下さい。

さて、ＩＴを技術だと思うと少し気が重くなるでしょうが、単なる道具だと思えばなんでもありません。倉庫会社が原材料や製商品を倉庫に預かるように、宅配会社が車で荷を運ぶように、新聞社が印刷機で新聞を刷るように、企業はＩＴという道具で情報を処理・活用するのだと考えて下さい。たかがＩＴ、トップは道具のことなど詳しく知らなくて良いのだと割り切って下さい。ただしコンピュータは少々賢い道具ですから、トップでなくては相手にならない重要な出番があることを肝に命じて下さい。第2章でその意味を詳しく解説します。

3 されどＩＴ

　ＩＴ革命という言葉が流行語大賞に選ばれたのは二〇〇〇年（平成十二年）です。その後ＩＴバブル、ＩＴ不況とすっかりＩＴの評価が下がってしまった感があります。もっぱら研究者用のコンピュータネットワークであったインターネットが、商用として市民権を得だしたのは一九九五年頃からで、ＩＴ革命の実体は、**インターネット**および**電子商取引**（ＥＣ）の普及がその中核をなしています。最近ではＩＴ（情報技術）を、**ＩＣＴ**（情報通信技術）と言いかえる傾向にあり、通信の役割が重視されつつあります。またラテン語の**ユビキタス**という言葉もよく使われるようになっています。「至る所に存在する」と言う意味で、ネットワークとＩＴ機器がいついかなる状況でも利用できる環境をさしています。

ＩＴは競争優位確保の手段

　昨今はＩＴが多かれ少なかれ、まるでブームのように受け取られている面があります。しかしＩＴはコンピュータの発達とともに、年月をかけて着実に成長してきました。参考のためコラムに「コンピュータ小史」を載せておきましたので、時間のある方はお読み下さい。

コンピュータ利用の黎明期である一九五〇年代から一九六〇年代には、ＩＴ化などという言葉は使われず、事務処理の機械化と呼ばれた時代です。パンチカード・システム（ＰＣＳ）やデータ処理システム（ＥＤＰＳ）を使用し、集計作業やデータ加工が行われていました。人力による単純作業を、少しでも機械にさせて、人間はもっと人間らしい仕事をしようという訳です。

一九七〇年代に入ると、ハードウェアの性能やソフトウェアの機能がどんどん進歩し、コンピュータをより高度に使うようになって行きます。経営情報システム（ＭＩＳ）とか意思決定支援システム（ＤＳＳ）など、人間の頭脳を補完するような領域でコンピュータを使う方向へと進んで行きます。

一九八〇年頃からＯＡ（オフィスオートメーション）、一九八五年頃から戦略的情報システム（ＳＩＳ）が脚光を浴びはじめます。米国では、座席予約システムの開発に遅れをとった大手航空会社が倒産するなど、コンピュータをいかに効果的に使うかが、企業の競争戦略遂行のための大きな要素となって行きます。

一九九〇年代にはコンピュータを駆使することで、従来のビジネスのプロセスを抜本的に改革するビジネスプロセス・リエンジニアリング（ＢＰＲ）が注目されるようになります。

この数十年の間、コンピュータ利用に関するさまざまな概念や手法が提起され、ある程度は実現してきましたが、本当の意味でＩＴ化が加速され出したのは、**インターネット**の本格的な普及が始まる一九九五年以降です。インターネットを介して、瞬時に世界中と双方向のコミュニケーションがとれる仕組みが、ＩＴ活用の領域を飛躍的に増大させています。

ＩＴは単なる道具であると言いましたが、今や**ＩＴは、企業の競争戦略を左右するほど重要な商売道具**になろうとしています。各企業は生き残りを賭けてＩＴの有効活用に注力しています。特に経営資源の乏しい中小企業にとって、インターネットを駆使した**電子商取引**は、企業の大小や知名度、時間、空間を超越して企業活動を展開できる可能性を秘めています。ＩＴ化の目的が、企業内の事務合理化や業務の効率化から、他社差別化や新規事業創造など外部に対する競争優位確保の手段として位置づけられようとしています。自社のＩＴ化戦略をどのように考えたらよいか、第8章で述べます。

● ＩＴ化目的の推移

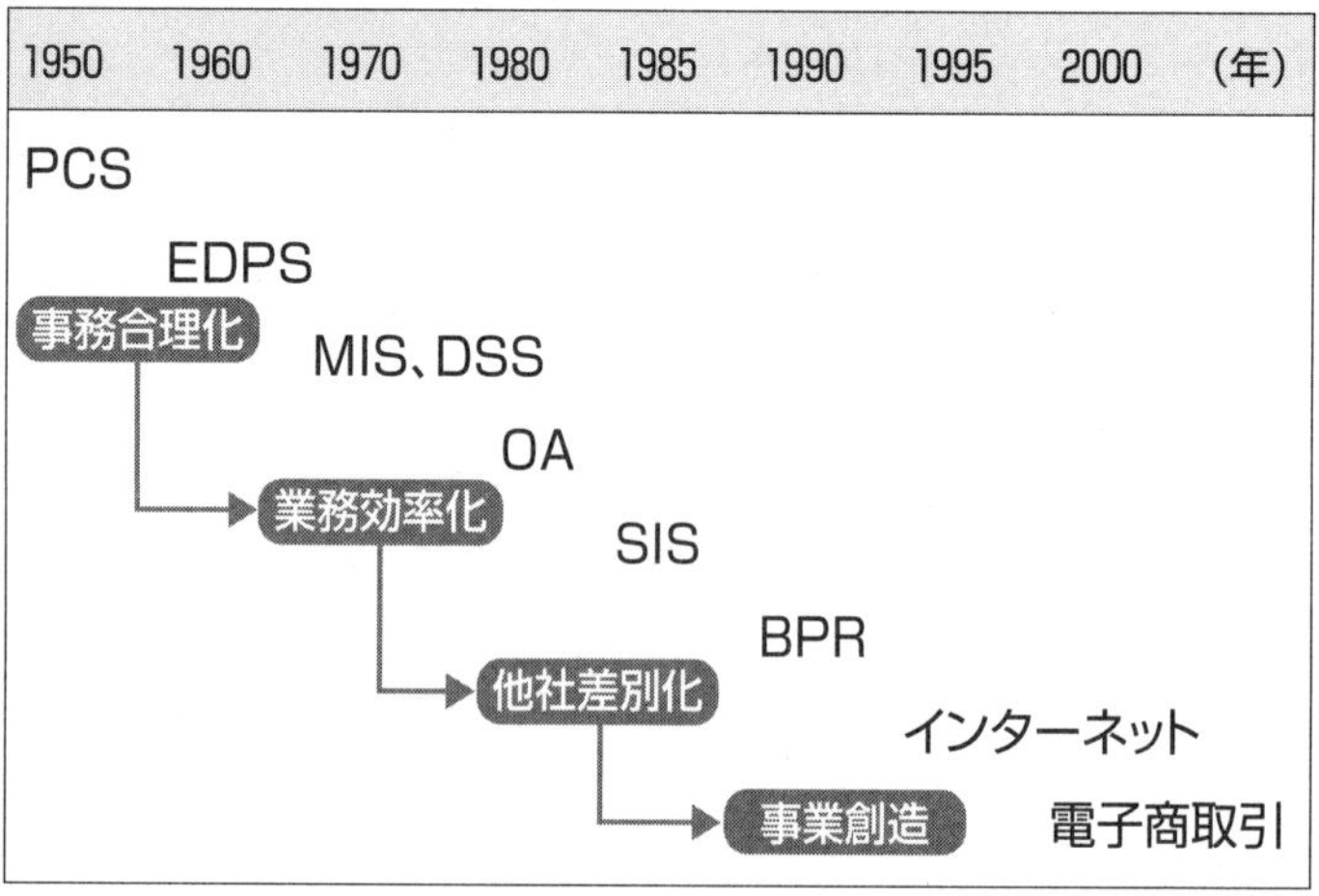

4 企業のトップとＩＴ

ＩＴに対する**心理的な壁**が、往々にして企業のトップや幹部の前に立ちふさがっていることを第1節で指摘しました。この壁が、ＩＴに対する技術の壁、人材の壁、情報の壁、資金の壁などから合成されている点も指摘しました。さて、ここで更に指摘しなければならない点は、**企業トップがＩＴに対し間違ったアプローチをしている**ことです。

トップの間違ったアプローチ

最も好ましくないのは、技術からアプローチすることです。ＩＴは日進月歩です。筆者が在籍していたＩＴサービス企業でも、幹部と技術者の間のコミュニケーション・ギャップはかなりのものでした。ほとんどがＩＴ技術者出身の幹部ですが、現役バリバリの技術者が使う専門用語が全く理解できず、的確な指示もできないことなど日常茶飯事です。まして経営会議ともなると、分かっていない幹部が、もっと分かってない経営陣に技術的な説明をするわけですから、なんの結論も方針も出ないということになります。ＩＴを更に混乱させているのは、ＩＴメーカーやベンダーが使う商品名や固有名詞です。ほとんどがアルファベットの頭文字の羅列で、しかも似通ったものが多くあります。メーカーやベンダーの造語が、いつのまにか業界の普通名詞になっていることさえあります。技術の中身を理解するのは、さらなる努力が必要となります。**ＩＴ企業でもない普通の企業の幹部が、ＩＴを理解できないことなぞ、当然というしかありません。**かって筆者がある会社のトップにパソコンの特訓をしたことがあります。十分丁寧に説明したつもりでしたが、結果として、この社長はパソコンには全く触らなくなったばかりか、ＩＴの話を一切しなくなったという苦い経験があります。

人材からのアプローチにも問題があります。例えばＩＴ資格を持っている若い人材を採用し、これでやっと我が社のＩＴ化も安心だなどと、とんでもないかん違いをするケースが少なくありません。会社としてのＩＴへの取り組みは、資格やプログラミング能力だけで首尾よく進むと思ったら大間違いです。第7章以降で解説しますが、企業のＩＴ化には戦略がなければなりません。経営戦略、ビジネス戦略、ＩＴ化戦略の下で、ＩＴ化の目的を明確にすることが、すべての出発点になるのです。

同様に**情報面からのアプローチ**、**資金面からのアプローチ**も、心理的な壁の克服への優先的な入り口ではありません。とかく問題点から出発すると行き詰まることが多いものです。**ＩＴに対し企業のトップが真っ先に取り組むべきことは、なぜＩＴ化をするのか、どのようになることが望ましいのか、を示すことなのです。**

トップはITに詳しくなくてよい

やや逆説的な言い方になりますが、トップはITに詳しくない方がよいと思っています。ITの技術屋は、「それは技術的にできません」という言葉をよく使います。先ず否定してかかる。出来たら儲けモノという発想が彼等にはあります。「出来ますよ！」と答えてしまって、よくよく検討したら難しいと分かった時のことを先取りしているのです。ITが分かっていないトップは、なにが無理で、なにが容易か判断つきませんから、例えば「A社の社長と会うことになったが、各事業部に分散しているA社との取引状況について、今すぐ知りたいのだが？」と極めて素朴に課題を投げかけることができます。そのことが、とかく狭い範囲に発想を閉じこめがちな技術者に対し、目から鱗となるのです。煎じ詰めれば、**企業のトップは、純粋に経営的な側面からITにアプローチすべきなのです。**経営はトップの最も得意な領域ですから、ITに対する心理的な壁を突き崩すには、一番よいルートであり、

「ITなんて、ただの道具ではないか」

とたかを括ることが出来ると言うものです。

さて、無関心な分野の情報、興味のない情報が頭脳に入力されても、行動に何の影響も与えな

い典型的な事例が、トップとＩＴの関係です。企業経営者には、一般的に敏感に反応するキーワードが存在するように思います。

外部的には、

政治、経済、景気、金融、株主、取引先、提携先、親会社、M&A、消費者、顧客、官公庁、規制、業界団体、環境問題、地域　など

内部的には、

業績、配当、投資、資産、財務、経理、組織、人事、営業、生産、開発、サービス、企画、関係会社、組合、広報、ＩＲ　など

です。

ＩＴという言葉が入力された時、強く反応し、積極的に行動を起こす経営者が何人おられるでしょうか。まさに「ＩＴの壁」が邪魔をしています。すでに述べたように、**経営者はあえて越えることの困難な壁から入らず、本来業務である経営面から入ることが重要です。**経営史学者チャ

ンドラーという人が、

「組織は戦略に従う」

と言っています。現在では

「ＩＴ化は戦略に従う」

と言いかえてもよいでしょう。戦略や目的を明確にするという経営者にとっては当たり前の任務の延長線上に、ＩＴをきちっと位置づけことに努めなければなりません。第2章以降で、より具体的な説明を加えていきます。

コラム 1

コンピュータ小史

パーソナルコンピュータを略してパソコンあるいはPCと呼ぶことは、ご存じだと思います。コンピュータの前にあえてパーソナルと限定したからには、もっと他のコンピュータも存在することが分かる訳です。現在のような方式のコンピュータが世に現れて半世紀過ぎましたが、少しその歴史的な変遷に触れてみます。

世界最初のコンピュータは米国が防空目的の弾道計算をするために、第二次世界大戦中に開発したENIACとされています。このコンピュータは原子爆弾の設計にも利用されたと言われています。一万八千本もの真空管を収めた巨大な機械で、高さが三メートル、長さが三十メートルもありました。持ち運びが簡単にできる現在のパソコンと比べると、隔世の感があります。ENIACは正確に言えば、コンピュータと呼べる代物ではありませんでした。ENIACは戦後にかけてさらに改良され、現在のコンピュータとほぼ同じ基本構造を持ったEDVACが完成します。

計算の命令、数表、計算結果などをメモリに記憶させる「プログラム内蔵方式」を取り入れ、処理能力を飛躍的に高めたもので、誰もがコンピュータ第一号と認めている機械です。フォン・ノイマンがEDVAC開発の中心人物として活躍したため、現在私たちが使っているコンピュータはノイマン型と定義されています。

コンピュータが商用に供せられるようになるのは一九五〇年以降で、一九五五年には米国の航空会社が早くも座席予約システムを稼働させています。日本でも一九五五年に東京証券取引所が、また一九五七年には日本国有鉄道が米国製のコンピュータを導入し、事務処理の機械化に着手しています。国産コンピュータが黎明期を迎えるのもこの頃です。

コンピュータはその後、ひたすら高速化、小型化がはかられます。コンピュータと他の機械との大きな違いに、記憶能力と演算能力があります。これらの能力を可能にしているのは、記憶装置や演算装置を形成している電子部品や磁気部品です。初期のコンピュータは主に真空管で成り立っていましたが、トランジスター、IC、LSI、VLSIと部品のコンパクト化、高速化が飛躍的にはかられました。

一方、コンピュータを制御したり、人間が命令したりするソフトウェアも飛躍的に進歩しました。初期には人間が数字やアルファベットを暗号のように羅列し、複雑極まりないプログラムを組まなければなりませんでした。

現在では人間の書き言葉、話し言葉に近い自然な言語でプログラムを組むようになっています。パソコンの登場に至るまでには、汎用コンピュータ、ミニコンピュータ、オフィスコンピュータ、ワークステーション、マイクロコンピュータ、スーパーコンピュータなどさまざまな種類のコンピュータが生まれました。各コンピュータは機器のサイズ、性能、処理能力、価格帯がそれぞれ異なっており、役割や位置づけも当然異なるものです。しかし通信技術の発達により、コンピュータが単独でなく結合して使用されるようなり、今では各コンピュータの境界線が不明確になりつつあります。

パソコンの誕生は高速化、小型化の象徴的な結果と言えます。筆者が盛んにプログラムを組んでいた三十年前は、一台数億円の大型汎用コンピュータが主流で、数十坪の部屋にやっと納まる巨大なものでした。現在のパソコンは一台二十万円以下、ノート型なら簡単に持ち運べる大きさで、しかも昔の大型汎用コンピュータなど足下にも及ばない記憶容量と性能を持っています。価格だけ見ても二〇〇〇分の一とか三〇〇〇分の一です。例えば二百万円の車が、三十年後に千円になることなどあり得ない訳で、コンピュータほどコストパフォーマンスが劇的に上昇した商品はないでしょう。

パソコンは文字通り個人の使用を目的としたコンピュータですから、ITが企業のみならず家庭や個人に浸透するにつれて大いに普及しましたが、これを加速させたのはインターネットです。パソコンは単独でも、ワープロや表計算など便利なソフトが準備されており使い勝手のよいものです。一九九五年を境に本来は研究者用のネットワークであったインターネットがビジネスの世界でも使われ始めます。これを機にパソコンはインターネットの端末として企業の隅々にまで設置されるようになります。パソコンにはインターネットを上手に使うための素晴らしいソフトが搭載されています。企業では一人一台、家庭では一家に一台の

●コンピュータの位置づけ

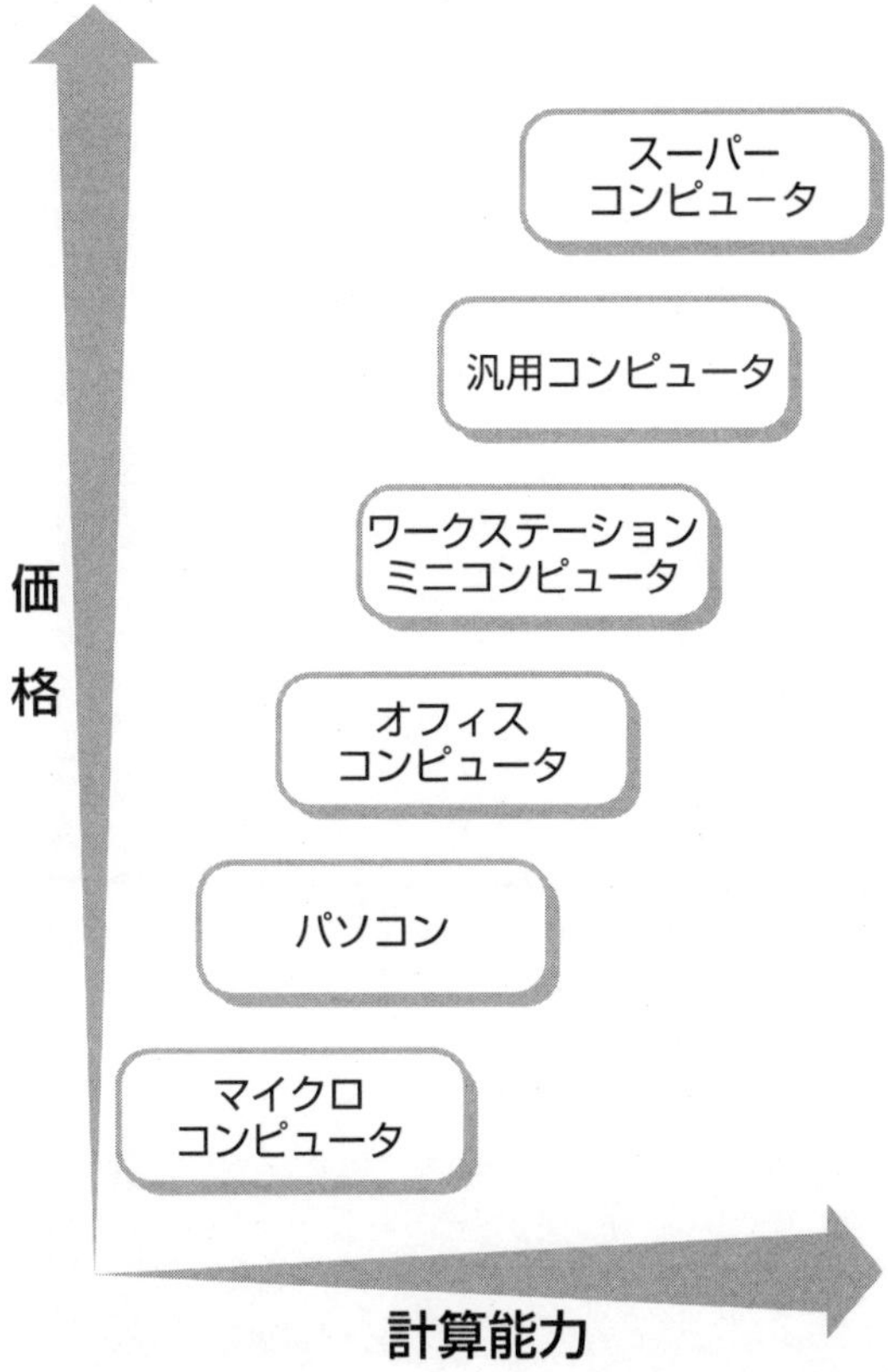

＊中央経済社「経営情報システム」（宮川公男編著）を参考に作成

パソコンが当たり前になりつつあります。ＩＴ化が少し進んでいる企業では、社長の机の上にもパソコンが置かれているものと推察します。もっぱらメールの受発信機として使用している方、さらにはワープロとして使用している方が大半ではないかと思われます。パソコンからインターネットを介してさまざまなホームページにアクセスし、有用な情報を自ら入手している方は、もう立派なヘビーユーザと言えるでしょう。

第2章

ＩＴ化はトップの仕事

この章のキーフレーズ

■ＩＴ化プロジェクトの失敗や成功を判断するのは、なかなか難しい

■ユーザの期待レベルを明確に

■ＩＴ化に対するトップの熱意、ビジネス戦略と整合したＩＴ化の推進

■トップが指導力を発揮すべき仕事があることを認識

■企業戦略、ビジネス戦略、ＩＴ化戦略、アクションプランを明確に

■ＰＤＣＡサイクルを回し、システム監査を行わせる

■情報リテラシー教育に理解を示し、必要な措置を促す

■ＩＴ化に必要な経費を承認する

■企業活動に何の不便もなければ、無理にＩＴ化をする必要はない

■自社の置かれた環境と能力を十分に分析し、戦略を立て、明確な目標を持って進める

1 動かないシステム

米国SG社の調査で恐縮ですが、約三六〇社で取り組んだ八〇〇〇件余りのプロジェクトについて、つぎのような結果が報告されています。

- **納期、費用、機能とも予定どおり成功したプロジェクト　16%**
- **納期、費用、機能いずれかで失敗したプロジェクト　53%**
- **途中で中止したプロジェクト　31%**

よくIT技術者が、「開発期間は計画の二倍、開発費用は見積もりの二倍」かかると自嘲気味に言うことがあります。残念ながらこの〝法則〟は当たらずとも遠からずです。

経営者のIT軽視

二〇〇二年春のみずほフィナンシャルグループのシステム障害は、金融システムへの信頼を根底から損なうものでした。その少し前に、ＵＦＪ銀行のシステムトラブルが発生し、その後も郵便貯金や地銀や信用金庫のシステム障害が続きました。お金を扱う金融機関では、ミスは絶対に起きるはずがないと思っていた国民の不安は増すばかりです。反面、皮肉なことに、ＩＴの重要性が再認識されたことも事実です。

みずほグループの情報システムは、第一勧業銀行、富士銀行、日本興業銀行の三行のシステム統合のため、二〇〇〇億円の費用と九万人月（例えば九千人の要員を十ヶ月間動員）が投じられたと報道されています。中小企業から見たら目もくらむような巨額な投資と膨大なマンパワーを投入したにもかかわらず、なぜ障害を防げなかったのでしょうか。当時のマスコミや専門誌がいろいろ原因究明していますが、筆者なりに分析してみたいと思います。

障害を起こしたシステムは、ＡＴＭ網や口座振替など銀行の中核業務を支える勘定系システムです。巨大銀行の勘定系システムの統合は、とてつもない難業ですから、担当者の苦労は大変なものであったと推察されます。

みずほグループの場合、第一勧業銀行が富士通、富士銀行がＩＢＭ、日本興銀銀行が日立と三者三様のコンピュータを使用していましたから、統合方法の選択に手間取ったことは容易に想像されます。**統合に関する基本方針が幾度となくぶれて、統合作業の開始が遅れたこと**が障害を引き起こす第一の要因になっていると思われます。

第二の要因は**社内のコミュニケーション不足**です。稼働開始を目前にして、完成度の低いプログラムが発見されたにもかかわらず、十分なテストを行わず本番へ移行したと聞いています。CIO（情報担当役員）にどれだけの権限が与えられていたか分かりませんが、システム担当とトップやCIOとの綿密な連携が不足していたことは明らかです。

第三の要因は、**トップや担当者の情報リテラシーの問題**です。銀行サービスの多様化、異なるシステムの接続、データ量の増大、ネットワークの複雑化など想定されるシステム要求に対するトップや技術者の認識不足、行員へのリテラシー教育不足があったと思われます。トラブル発生後の対応の混乱を見ても、リテラシーが欠如していたと言わざるを得ません。

このシステムは、各行の異機種コンピュータを生かし、接続用コンピュータで繋ぐという選択をしていますが、そのために発生する技術的な課題は少なくなかったと思われます。しかし、障害発生要因の多くは、人的な対応の不手際にあることが分かります。**経営陣の認識不足、CIOの指導力不足、技術者を含め一般行員の情報リテラシーの欠如などが直接間接にシステムの障害を発生させているのです。**

みずほグループの頭取が「システムはメーカーが設計したのだから、銀行には責任がない」と言ったと伝えられていますが、もしこれが本当なら、銀行側が発注先の管理を怠っていたことになります。専門家や報道が、このトラブルを「経営陣のIT軽視」と総括したのはしごく当然です。

ＩＴ化やＩＴプロジェクトの失敗例は、なかなか表に出てこないものです。担当者は「このプロジェクトは失敗でした」とはまず言いませんし、まして外部に発表することはありません。誰も自分で自分の首を絞めようとは思いません。

一方、プロジェクトを命じた側である経営者や管理者は、「どうも期待したような結果が出ていない」と薄々感じていても、失敗を検証するすべを持たないものです。**なにが失敗で、なにが成功か、判断する明確な物差しや材料が無いのです。**銀行のＡＴＭ障害のように、顧客とのトラブルが発生して初めてことの重大さに気がつく訳ですが、システムを開発した段階で、すでにプログラム・ミス等が内在していたのは明らかです。

任せっぱなしは無責任

筆者が在籍していた企業で、社内基幹システムの開発リーダーを命ぜられた時の話に触れます。約一〇〇〇名のＩＴサービス企業のシステムで、大規模システムというほどではありませんが、「**顧客に対し見本となるような、立派なシステムを作れ**」というのがトップから与えられた唯一の命題でした。科学技術系のシステムアナリストとして、ＯＲ（オペレーションズリサーチ）やシミュレーションモデルの開発が専門であった筆者にとっては、初めてのビジネス系システムの開発であり、必死で勉強した記憶があります。

もともと数名からなる情報システム課が存在していましたが、それとは別に各部から課長クラスの代表者を選びプロジェクトチームを作ってもらいました。チームメンバーは全員が兼務で多忙でしたが、トップの肝いりでもあり、新しいシステムに対する各部の要求を徹底的に洗い出し整理してくれました。この間トップや経営陣に対しても、新しいシステムに何を望むか聞き出す努力をしましたが、大方が「**任せるからいいシステムを作ってくれ**」とのことで、システムの中身には、ほとんど口出しをしない状況で推移しました。現場の要求に加え、プロジェクトチームで議論した「あるべきシステム」を加味し、新システムの基本設計書ができあがりました。

リーダーである筆者は経営会議で基本設計について説明しましたが、社長から「システムを更新したら売上がどのくらい増えるのか？　ちょっと意地悪な質問だったな！　まあしっかりやりなさい」との話があった以外、たいした質疑もなく承認されました。情報システム課のメンバーもプロジェクトチームのメンバーも皆ＩＴのプロでしたから、その後、詳細設計、プログラム設計、プログラム開発と順調に進みました。

この会社では米国製の優秀なデータベース管理システムの日本での販売権をもっており十分なノウハウがありましたから、システムの中心となるデータベースの開発も予想以上にうまく進みました。

開発が終盤にさしかかり、社内ユーザへの説明会を始めた頃から、状況は一変しました。多くの社員や管理職から「期待していたようなシステムになっていない」というブーイングがどんどん高まっていったのです。リーダーは各部の部会に頻繁に呼び出され、「ここを変えろ、あそこを変えろ」と吊し上げを食うしまつです。

それまでシステムの内容にほとんど関心を示さなかった経営陣も、現場の不満を察知し、われわれ開発担当に圧力をかけてくるようになりました。

システムの稼働開始時期は迫っていました。帳票類の改訂をはじめ、新システムへの移行準備は着々と整いつつありました。「納期には間に合いますから、ご安心下さい」と言い続けてきた筆者は、窮地に立たされました。他社でシステム開発担当者が時に自殺をする話を耳にしていましたが、「逃げ出したい」と心底思ったものです。

その後の修羅場の状況と顛末は省略させていただきますが、結局システムの一部を予定どおり稼働させ、残りの部分については半年遅れで稼働させるという苦肉の策でお許しを戴きました。もしこのプロジェクトが顧客から受託したシステムであったなら、会社の信用は失墜し、筆者自身は会社にとどまることは難しかったと思われます。システム開発の恐さを身をもって経験しました。

この時、会社に負担させてしまった高い授業料は、その後担当したプロジェクトで少しは返済できたかと思っています。

②なぜＩＴ化は失敗するのか

ＩＴ化プロジェクトの失敗や成功を判断するのは、なかなか難しいものがあります。ごく常識的に言えば、ＩＴ化の結果、社外・社内のユーザが満足すれば成功、不満であれば失敗ということになります。

ユーザの期待はまちまち

満足か満足でないかは、「ユーザの期待」と「ＩＴ化の結果」との比較になります。期待以上であれば大満足、期待通りであれば満足、期待以下であれば不満足となります。

このことは言葉にすれば簡単ですが、実は大変複雑な話なのです。先ずユーザがＩＴ化に期待するものが一律に把握できません。トップが期待するもの、中間管理職が期待するもの、担当レベルが期待するものは違いますし、また営業が期待するもの、生産部門が期待するもの、人事や経理など管理部門が期待するものは違います。一方ＩＴ化の結果を判断するのも難しいことです。例えば毎月十日に出ていた決算書が、ＩＴ化により毎月五日に出るようになった場合、「決算が五日早まった」という結果となります。しかしその為に「経理部門の残業が増え、残業手当がかさんだ」となったら、このＩＴ化をどう判断したらよいのでしょうか。決算処理の早期化は各企業の念願ですし、就業時間の短縮と人件費コストの圧縮も同様に念願です。このＩＴ化は成功だったのか、不成功だったのか、議論は尽きないところです。

　前節で披露した筆者の例では、現場からの第一のクレームは、新システムに移行すると現場の作業が増えるという点でした。新システムで筆者が狙ったのは、「現場で発生した経理や人事関連のデータは現場で入力する」「管理部門はスリム化する」という方針でした。ネットワーク化が進んだ現在なら当然の発想ですが、パソコンＬＡＮがやっと普及し始めた時期でしたから、現場が馴染めないのは当然だったのかも知れません。

　また当時の反省点として「トップや経営陣のＩＴ化に対する要望」を引き出せなかったことが挙げられます。**「任せるから好きなようにやりなさい」という一見有り難いような指示が、実は後になって命取りになります。「ユーザの期待レベル」を明確に**しないままＩＴ化を進め、その結果、不満足と決めつけられても反論のしようがないのです。「任せるとおっしゃったじゃないですか」とはとて

ユーザの期待	**<**	**ＩＴ化の結果**	**⟶**	**大満足**
ユーザの期待	**＝**	**ＩＴ化の結果**	**⟶**	**満足**
ユーザの期待	**>**	**ＩＴ化の結果**	**⟶**	**不満足**

も言えるものではありません。「君を信用して任せたのだが、ダメだったな」と言われるのがおちです。新システムへの移行が成功であったか否か、筆者自身今もって明言できないでいます。

ＩＴ化成功の要因とは

さてＩＴ化を成功させる主な要因を整理しておきたいと思います。その逆が失敗の要因となります。

先ず第一に、**ユーザの要望をきちんと抽出し、整理し、ユーザに確認することです。**

システム開発では、これを要求定義とか要件定義と言います。ユーザには社長も含まれますし、中間管理者や現場担当者も含まれます。取引先や、顧客の要望も把握しておく必要があります。要求定義はＩＴ化およびシステム化の出発点でもあり到達点でもありますから、ここを曖昧にすると先に行けば行くほど、ユーザの期待から遠ざかることになり、結局は「失敗」の烙印を押されることになります。要求定義の段階で、「ご要望はこうですね」ときちっと文書化し確認しておくことが肝心です。

第二は**組織化と人の問題です。**

情報システム担当部署やプロジェクトチームの位置づけ、任務と権限を明確にすると同時に、仕事のできる人材を配属することです。情報担当役員（ＣＩＯ）の任命も欠かせません。トップへの助言役、各部門とＩＴ化担当との統括役として、ＣＩＯの存在が大変重要になっています。前節の筆者の例では、プロジェクトチームのメンバー個々人は頑張ったのですが、チームとして現場のコンセンサスを形成しきれなかった点、ＣＩＯに相当する役員が不在であった点が、社内の混乱をより大きくしたと考えています。この点では人的な余裕のない中小企業では、外部の能力をいかに活用するかがカギとなるでしょう。失敗しないアウトソーシングについて、第6章で取り上げていますので、参考にして下さい。

第三に**Q（品質）**、**C（コスト）**、**D（納期）**の問題があります。

ＩＴ化とそれに伴うシステム開発においても、モノ作り同様に品質（Ｑ）の確保、コスト（Ｃ）の管理、納期（Ｄ）の厳守が重要事項です。今日ＩＴプロジェクトを推進する人々が、最も頭を痛めているのは、このＱＣＤ問題を含めたプロジェクト管理であり、優秀なプロジェクト管理者の確保なのです。中小企業のみならず大企業でさえ、プロジェクト管理をみごとに成し遂げ得る人材は多くありません。世の中で失敗プロジェクトと目される案件のほとんどは、プロジェクト管理者の能力不足、プロジェクト管理の拙劣が失敗要因となっています。

第四に**企業戦略に整合したＩＴ化**への取り組みです。

順序が逆になりましたが、要求定義の前提として、**企業戦略、ビジネス戦略が明確になっていること、そしてＩＴの方向が企業の戦略と合致していることが求められます。**例えば企業が徐々に撤退しようとしているビジネス分野のＩＴ化に、大きなＩＴ投資をする必要はないわけですが、その分野の担当者に任せきっていると、そのような矛盾した行動を取る可能性があります。企業の方針に沿い、全社最適を指向し、ＩＴ化をきちっと統治することを**ＩＴガバナンス**と言います。ＩＴ化に関するリスクの管理もガバナンスの守備範囲です。コーポレートガバナンスの一環として、ＩＴガバナンスを確保する仕組みの構築が重要です。

最後に、**ＩＴ化に対するトップの熱意**を挙げます。

株主が大きな力を持つ海外の企業に比べ、日本の企業ではトップの権限は絶大です。ましてオーナー社長ともなれば、全ての権限がトップに集中しています。もうお分かりだと思いますが、ＩＴ化はコンピュータという温かみのない機械を使用しますが、実は極めて人間くさい仕事です。**ＩＴ化が上手く行くか、拙く行くかは、人間次第です。突き詰めれば、人間を自由に動かすことができるトップ次第と言っても過言ではないでしょう。**

ＩＴ化成功の要因

- ●ＩＴ化に対するトップの熱意
- ●企業戦略に整合したＩＴ化
- ●ユーザの要望をきちっと抽出し、整理し、ユーザに確認する
- ●情報システム担当部署やプロジェクトチームの位置づけ、任務と権限を明確にする
- ●仕事のできる人材を確保する
- ●情報担当役員（ＣＩＯ）を任命する
- ●優秀なプロジェクト管理者を確保する

3 トップにしかできない仕事

企業のトップの前には、ＩＴに対する心理的な壁が存在します。組織、人事、経理、生産、販売、サービスなどには積極的に関与し、指導をするトップも、ことＩＴには関心を示さない傾向にあります。ＩＴがよく分からないというトップのとる行動パターンは、大きく三通りに分かれます。

- **触らぬ神にたたりなし、と無視しつづける。**
- **誰かに丸投げし、自分は関与しない。**
- **ＩＴを過信し、やたらに投資する。**

いずれも間違った行動と言わざるを得ません。

ＩＴ化を進める時に、**トップが指導力を発揮すべき仕事があることを認識しなければなりません。**

こんなにあるトップの専権事項

先ず**企業戦略、ビジネス戦略、ＩＴ化戦略を明確にする**ことです。第7章、第8章で詳しく解説していますが、会社の経営計画書でＩＴ化に関する基本的な考え方と目標を明示し、全社員に徹底することが重要です。また社内のさまざまな場面で、ＩＴ化への取り組み方針について触れ、会社にとってのＩＴ化の重要性をアピールしていただきたいと思います。社内報やイントラネットを通じて啓蒙活動をするのもよいでしょう。ＩＴ活用に積極的な企業風土を醸成するために、トップが直接関与することが大事です。特に中小企業では、日頃のトップの言動が、社員の行動規範となって行きます。戦略を示すこと、明文化すること、全社員に浸透させること、企業文化を醸成すること、正に経営者が最も力を注ぐ仕事そのものなのです。

ＩＴ化戦略と目標は設定しただけでは前に進みません。トップはＩＴ化目標を達成するため、**ＩＴ化遂行組織の立ち上げと担当者の人選**を行い、目標達成のための**具体的なアクションプラン**の作成を命じなければなりません。総論から各論へ移って行くと、否が応でも技術的な事柄に直面し、時に判断を余儀なくされます。トップに技術的な判断を強要するのは酷な話です。**情報担当役員（ＣＩＯ）を任命**し、トップの足らない部分を補佐させることになります。ＣＩＯは経営問題に精通するとともに、ＩＴについてもかなりの知識と経験が必要です。中小企業でこのような人材を確保することは、至難の業かも知れません。昨今はＩＴに強い経営コンサルタント、経営に強いＩＴコンサルタントなどが増えていますし、ＩＴサービスベンダーにもコンサルティング能力を持った専門家が育っていますので、外部の支援を受けることも選択肢となります。

目標を定め、アクションプランに従ってＩＴ化が推進されるわけですが、計画（Plan）、実施（Do）、点検（Check）、改良（Action）のマネジメントサイクルを回し、プランが確実に実施されていることを、継続して確認しなければなりません。このサイクルが**ＰＤＣＡサイクル**ですが、これは何もＩＴ化に限ったことではありません。マネジメントの基本として、トップは部下に徹底的に教育するべき重要な手段です。ＩＴ化が正しい方向へ向いて進んでいるか監査を命じることもトップの仕事です。ＩＴ化の中心であるシステム開発と運用の監査が大きなウエイトを占めることから、この監査を**システム監査**と言っています。実施過程で随時**システム監査を行わせ、報告させる**ことで、手戻りの少ない効率的なＩＴ化推進がはかられます。

情報リテラシーと言う言葉を耳にすることが多いと思います。リテラシーとは読み書き能力のことですが、情報やコンピュータを扱う能力が情報リテラシーです。ＩＴ化やシステム開発が順調に進んでも、社員の情報リテラシーが貧困では、目的の達成はおぼつきません。最近の若者はパソコンや携帯電話を難なく使いこなしますから、情報リテラシーの素地は十分あります。しかし企業の活動に情報を有効に活用する能力は、一朝一夕には高まりません。ＩＴに弱いと言われている中高年者を含め、情報リテラシー教育に努めなければなりません。**情報リテラシー教育に理解を示し、必要な措置を促すこともトップの仕事の一つです。**余裕のある企業は、外部の専門家にじかに話を聞き、刺激をうける機会をぜひ作って欲しいものです。

ＩＴ化に必要な費用を承認するのもトップの権限です。ＩＴ化に投ずるお金は、初期投資の部分と運用費用の部分に分けて考える必要があります。ここでは全部ひっくるめてＩＴ投資と言わせていただきますが、ＩＴに関わる投資に対し、どれ程のリターンがあるか把握しにくいのが実態です。第5章でＩＴ投資の評価をどう考えたら良いか検討を加えています。

工場における設備投資は、産み出される製商品の原価やライフサイクルがきちっと掴めますし、流通コスト、販売価格、販売量も掴めますから、会社の利益にどれだけ貢献したか明確です。ＩＴ投資は、利益貢献度があいまいですから、各企業が自社の身の丈にあった投資規模をどのように算出するか、なかなか難しい問題を内包しています。不確かさを抱えたまま、投資を決断できるのはトップだけですから、ＣＩＯの助言も得ながら真剣にこの仕事に取り組んでもらいたいものです。

トップの仕事

- 企業戦略、経営戦略、ビジネス戦略、ＩＴ化戦略を明確にする
- ＩＴ化遂行組織の立ち上げと担当者の人選
- 具体的なアクションプランの作成を命じる
- ＩＴ担当役員（ＣＩＯ）を任命する
- ＰＤＣＡサイクルを動かす
- システム監査を行わせ、報告させる
- 情報リテラシー教育に理解を示し、必要な措置を促す
- 必要な費用を承認する

4 本気でないならやめた方がいい

ＩＴの必要性を強調してきましたが、少し批判的に話を進めてみましょう。企業にとってＩＴは本当に必要なのでしょうか。あまりに性善説に寄り添っていると、目がくもってしまう懸念があります。そもそもＩＴなぞ無い時代から、企業は立派に活動していました。給与の計算ひとつをとっても、五人や十人しかいない会社では、ソロバンで十分です。電卓があれば、小さな会社の決算処理など立派にできます。

中小企業の場合、

企業活動に何の不便も無ければ、無理にＩＴ化をする必要はない

と言うことを、先ずは宣言させてもらいます。必要も無いのに、ただ他社の真似をしたり、技術者の言葉をう呑みにしたり、単なるトップの趣味だったり、という理由でＩＴ導入に踏み出した場合、たいした効果は期待できません。

形だけ真似てもダメ

よくある失敗例に、他社の真似をしてＥＲＰというソフトウェアパッケージを導入するケースがあります。ＥＲＰとはエンタープライズ・リソース・プランニングの略で、企業資源管理と訳せます。ＥＲＰパッケージとは、企業資源管理を実現するための、出来合いのソフトウェアで、統合業務パッケージと呼ばれています。同パッケージは、基幹システム構築に必要な経理、販売管理、生産管理、人事管理などの機能を備えており、ゼロからソフトウェアを開発する必要がないため、短期間、低コストでＩＴ化が実現できるとされています。

筆者が担当した企業の関係先のケースですが、中堅の食品加工会社Ｂ社は、競合会社に追いつこうとＥＲＰの導入を進めました。当初は同社の弱点である物流システムの強化が導入の目的でしたが、システム会社のコンサルティングを受ける内に、会計や営業を含め全面的なシステム構築へと方針を変更して行きます。もともと具体的なシステム構想を持たなかったＢ社は、システム会社の能力を過信し、ずるずると費用をつぎ込むことになります。その上、開発期間は大幅に遅延し、企業の経営を圧迫し、極めて危ない状況に陥ります。企業の競争力を高めるためのＩＴ化が、企業の存続さえままならなくする本末転倒のケースで、こんな例は少なくないのです。

実際米国では、ＥＲＰパッケージの導入が上手く行かず、膨大な投資を回収できないまま倒産した医薬品会社の例は有名です。筆者の在籍したＩＴサービス会社は、ドイツの企業が開発した著名なＥＲＰパッケージを、日本国内で販売していました。このパッケージは、企業が**本気で業務改革に取り組み、従来のやり方を抜本的に変える**場合に威力を発揮します。ＥＲＰを販売する企業は、ＥＲＰコンサルタントを擁し、顧客の業務のやり方を、パッケージに合わせて変更するようガイドすることが役割となっています。従来から続けてきた古いやり方に無理矢理合わせて、パッケージの方を修正するとなると、既製品の利点が生かせず追加費用もかさむうえ、業務はなんら改善されません。**競合他社が導入したのを真似て、形だけＥＲＰを導入し、業務改革には消極的というのでは、成功はおぼつかないのです。**

生やさしくない電子商取引

電子商取引も、中小企業が往々にして勘違いをする分野です。ＢtoＢ（企業間取引）とかＢtoＣ（企業・消費者間取引）の市場規模が拡大を続けています。インターネット上に自社のホームページを開設し、取扱商品をネットで販売すれば、顧客からどんどん発注があり、売上は右肩上がりという幻想に水を差す気はありません。実際、楽天（株）のように、ネットによる商品売買仲介ビジネスに成功し、株式公開を果たしたベンチャー企業もあります。ネットによる旅行斡旋、中古車販売、事務用品販売、パソコン販売、不動産仲介、チケット販売、市場調査、ネット証券、ネット書店、オークションなどなど今やネットビジネス全盛時代を迎えています。しかし、これも本気で**市場調査を行い、顧客を分析し、販売戦略を練り、自社の商品やサービスがネット販売に適合しているかを見極める必要があります。**また顧客を自社のホームページに誘導するような、さまざまな工夫が必要ですし、常時内容を更新し魅力あるものに保つ努力が不可欠です。与信、代金回収、在庫と物流、セキュリティなどに対する機能の組み込みも絶対条件です。「隣の芝生」を真似るだけで成功するような、生やさしいビジネスではないのです。気がついたら、いつの間にか負担しきれないほどの運用コストに苦しむ、とようなことがないよう綿密な対応が求められます。

ＩＴ化に対し、いいかげんな対応をしたために苦しんでいる企業は少なくありません。その多くが次のような問題を抱えて苦しんでいます。

- **大きな投資に見合った効果が出ていない。**
- **運用コストの負担に耐えられない。**
- **導入したパッケージが、自社の業務に合わない。**
- **自社の力量不足、発注先の力量不足で、開発案件が迷走する。**
- **開発したシステムが、不具合で改修ばかり行っている。**
- **担当者が辞めたため、システムの分かる人材が不在。**

● **業務の改善が全く進んでいない。**
● **システムの使い勝手が悪く、現場に浸透しない。**

など、挙げればきりがありません。

本節の冒頭でも述べましたが、ＩＴ化の効果を盲信し、ただやみくもに突進するのは止めた方がいいのです。必要でもないＩＴ化に取り組むのは、経営資源の浪費です。**自社の置かれた環境と能力を十二分に分析し、戦略を立て、明確な目標を持って進めてこそ素晴らしいゴールに到達する**のだと言うことを、特に経営者の方々に申し上げておきます。

コラム2

ビジネスシステムと生産システム

本書では「ＩＴ化」と言う言葉を頻繁に使っていますが、世の中では「情報化」と言う言葉もよく使います。厳密に言えば「ＩＴを駆使した情報化」がＩＴ化であり、ただ情報化と言えば、ＩＴを使う使わないに関係なく、情報が重きをなして行く変化の有りようを指すものと考えられます。

情報化社会とは、生活、社会、教育、文化、経済、政治、産業、企業、技術など、あらゆる分野で情報の価値が重視され、情報が高度に活用される社会のことです。企業におけるＩＴ化は、情報化社会の形成を先導する極めて重要な機軸のひとつと見ることができます。本書では、あまりＩＴ化と情報化を厳密に区別して使ってはいませんし、もっと狭義にはシステム化という言葉を使わせていただいています。ＩＴ化を押し進める上で必要とするシステムの構築をシステム化と呼ばせていただいています。ここでいうシステムとは、コンピュータのハードウェア、ソフトウェア、ネットワーク、データを組み合わせて作り上げた情報を処理するためのシステムですが、その前提となる業務処理の手順や様式も含まれたものと考えて下さい。

さて本書でシステムと言えば、主としてビジネス系のシステムを指しています。生産系、エンジニアリング系、科学技術系のシステムを対象にはしていません。筆者自身は科学技術系のシステムアナリスト出身ですから、本文から離れ、その分野に関して少し補足します。

コラム1で触れましたが、コンピュータは元来、弾道計算、航空機の設計計算、暗号解読など軍事上の必要性に端を発しています。例えば構造体の強度解析には、連立線型方程式を解くための超高速演算機能が不可欠です。今日では、環境解析、気象解析、地球科学、土木構造解析、原子力開発、電磁場解析、地盤解析、リモートセンシング、衝撃解析、画像処理、地理情報処理、コンピュータグラフィックス、統計解析、新薬開発、資源探査、宇宙開発、遺伝子解析、VR（バーチャルリアリティ）など広範な分野でスーパーコンピュータ、汎用コンピュータ、ワークステーション、パソコンなどが駆使されています。

また金融商品の開発などに、工学的な手法が応用されるなど、分野と手法のクロスオーバーが顕著です。設計・生産の分野では、CAD（コンピュータエイデッド・デザイン）、CAM（コンピュータエイデッド・マニュファクチャリング）、CAE（コンピュータエイデッド・エンジニアリング）、CIM（コンピュータインテグレーテッド・マニュファクチャリング）等のシステムが活躍しています。工場のオートメ化であるFA（ファクトリー・オートメーション）は、オフィスのオートメ化であるOA（オフィス・オートメーション）より早くから、しっかり根付いていました。

インターネットの商用化が顕著になった一九九五年頃、米国防総省で開発されたCALS

● ＩＴ活用分野の区分

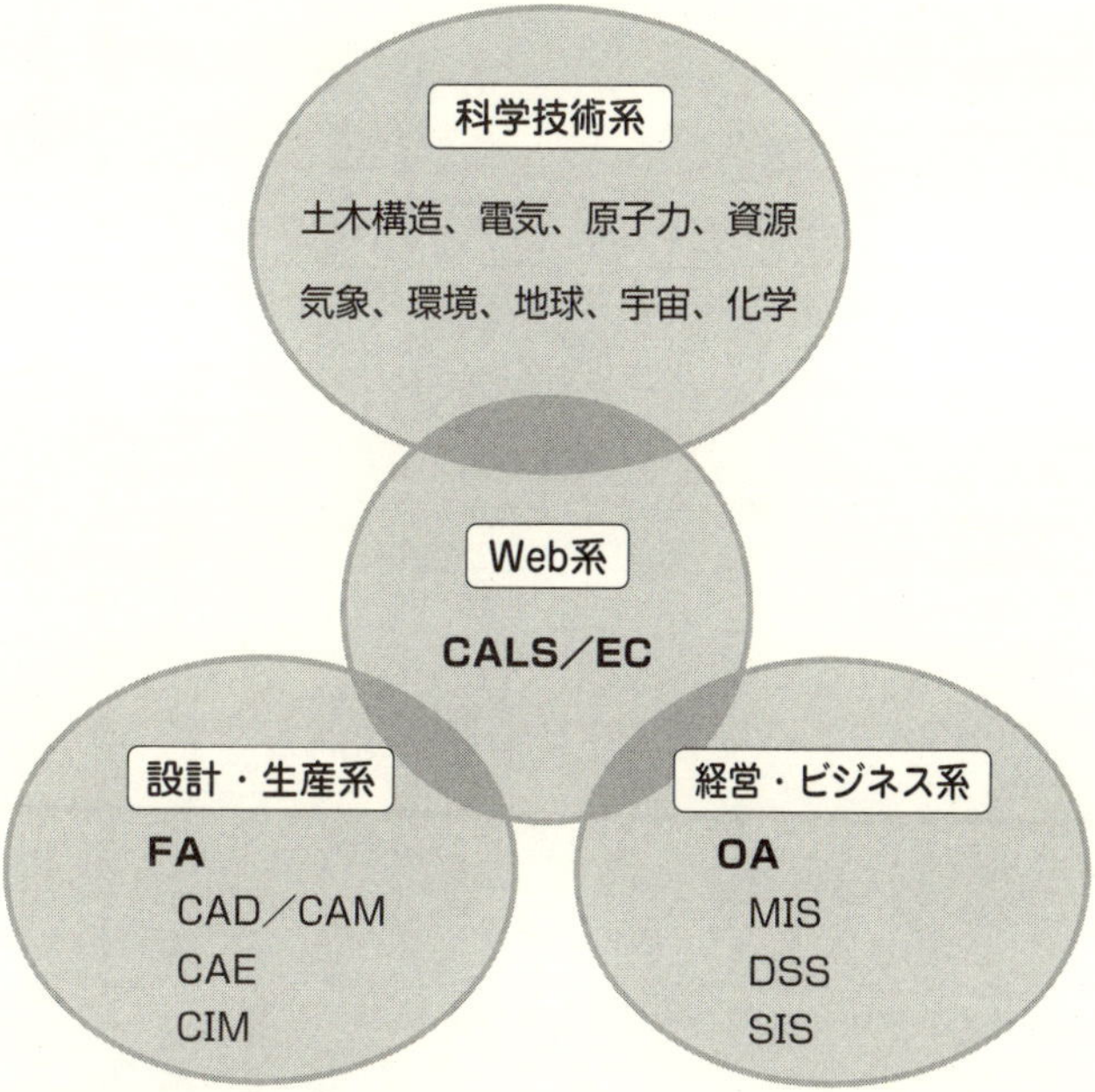

科学技術系
土木構造、電気、原子力、資源
気象、環境、地球、宇宙、化学
Web系
CALS／EC
設計・生産系
FA
CAD／CAM
CAE
CIM
経営・ビジネス系
OA
MIS
DSS
SIS

が日本にも紹介されます。ＣＡＬＳとは、少々長いのですが、Continuous Acquisition and Life cycle Supportの頭文字で、日本では、「生産、調達、運用支援統合システム」と訳されています。資材調達から設計、生産、保守にいたる製品のライフサイクル全体に関する情報をデータベース化して一元管理し、作業の効率化、品質向上、コスト削減を図る手法です。最近ではネットワークを使った企業間取引の高速化（光の早さで行う商取引）を意味するCommerce At Light Speedの略をＣＡＬＳとする傾向にあります。電子商取引（ＥＣ）は、Electronic Commerceですが、ともにインターネットを基盤とするＣＡＬＳとＥＣの垣根があいまいに成りつつあるのは、当然の趨勢かと思われます。

第3章

技術は人に任せなさい

この章のキーフレーズ

■経営者が専門的な技術を学ぶ必要はない
■ＩＴを利用する技術、ビジネスへの適用技術、情報の処理活用技術が大事
■オタク型トップは、ＩＴ化が目的になってしまう傾向
■ＣＩＯに期待される能力を全て備えた人は居ない
■ＣＩＯには、自社の戦略策定に参加出きる人を
■ＣＩＯに適材を得れば、ＩＴ化は半分成功したようなもの
■ＩＴ部門は、会社の戦略部門に脱皮を
■ＩＴ部門に、明確な権限と責任を付与し、力量のある人材を配置
■ユーザ部門は、ＣＩＯやＩＴ部門と現状認識を共有
■委員会やプロジェクトチームは邪魔になる場合もあり

1 ＩＴは日進月歩

ＩＴとは情報技術のことですから、ＩＴ化を進めるには技術や手法を避けておることはできません。本書は技術書ではありませんし、技術解説書は世の中でふんだんに出版されていますので、ＩＴそのものへの深入りは避け、キーワードを並べるにとどめます。

ＩＴを大きく分類するとつぎのようになろうかと思います。ただし半導体に関わる技術、コンピュータ設計開発技術は除きます。

- ハードウェア技術、基本ソフトウェア技術
- 通信技術、ネットワーク技術、インターネット技術
- システム開発技術
- Ｗｅｂ構築技術
- プログラミング技術
- システムの運用と保守技術
- プロジェクト管理技術

●データベース技術
●セキュリティ技術、標準化技術
●システム監査技術

どれをとっても奥が深く、しかも日進月歩の技術ですから、ＩＴ専門家といえども、カバーしている分野は部分的なものです。ＣＩＯ（情報担当役員）は別として、**経営者がこれらの技術を学ぶ必要は全くありません。**

先端技術より利用技術

最近話題の技術分野についても、項目のみ挙げておきます。時々このような言葉を目や耳にするかと思いますので、サッと読み流して下さい。

●小型化された携帯機器とネットワークが融合された、**モバイルコンピューティング**技術
●複数のＷｅｂサイトで動いている別々のアプリケーションを、自由に呼び出し一体として利用できる**Ｗｅｂサービス**技術

●極小のＩＣチップと無線アンテナから構成され、物流や検品などでの利用が期待されている**ＩＣタグ**技術

●ソフトウェアを部品化し再利用を可能にする**コンポーネント**技術

●ソフトウェアのソースコード（解読可能なプログラム）を公開し、だれでも自由に利用や改修できる**オープンソース**

●多数のコンピュータをネットワークでつなぎ、あたかも一つの巨大なコンピュータのように、リソースを利用しようとする**グリッドコンピューティング**

さて、われわれユーザにとっては、以上のような各種の先端技術もさることながら、**ＩＴを利用する技術、ビジネスへの適用技術、情報の処理活用の手法が大変大事**な事項です。

●膨大なデータから、相関関係や傾向を導き出し、意思決定やマーケティングに役立てる**データマイニング**技術

●企業内の知的財産を効果的に活用する**ナレッジマネジメント**技術

●受発注から調達・在庫・発送に至る一連の流れを総合的に管理する**ＳＣＭ**（サプライチェーン・マネジメント）

●顧客との取引履歴を共有管理し、長期的で緊密な関係を築くためのＣＲＭ（カストマリレーションシップ・マネジメント）
●営業プロセスを支援管理し、顧客満足度を高めるＳＦＡ（セールスフォース・オートメーション）

など、ＩＴを経営に効果的に生かすさまざまな方法が普及しつつあります。全般的に見た大きな流れは、

●いつでも、どこでも、だれでも、ＩＴの恩恵を得られる方向
●蓄積した知識や経験を、常時トレースし活用できる方向
●ユーザ間、企業間の情報共有や連携を、効果的にサポートする方向

へ向いているのではないでしょうか。

本節ではＩＴの広がりや進展の一端に触れていただくためとはいえ、聞き慣れない用語が出てきて退屈されたかと思います。「なんかよく分からないが、一口でＩＴと言っても広くて深いものだなぁ」と実感していただければ、それで十分です。それぞれの分野で、技術に長けたひとは大勢いますので、難しいことは彼らに任せることが肝要です。

2 オタク社長じゃ会社が危ない

筆者の回りには、パソコンオタクが大勢います。企業に在籍していた時は、使っているパソコンが不調になると「助けてくれぇー！」とよく彼らを呼んだものです。何かブツブツ言いながら、ちょっと複雑な操作を繰り返すうちに、たちどころに修復し、つくづく感心させられたものです。はからずも筆者のパソコン知識のレベルが、ばれてしまいましたが、ごく普通のパソコンユーザである筆者は、仕事をする上で、ほとんど困っていないことを付け加えておきます。

商売には無関心

一般の企業においては、オタク社員は扱いづらい部類の人種と見られています。エンターテインメント系の、例えばゲームソフトやCGアニメーションの開発に従事している人たちは、オタク社員が多く、新規の開発が始まると、正に寝食を忘れてソフト作りに没頭するようです。彼らは他の人が発想できないようなドラスティックなストーリーや画像を産み出すことに命を懸けているわけで、芸術家に近い存在かと思われます。一般の企業でのオタク社員のイメージは、就業規則を守らない、時間にルーズ、他人に興味がない、自分の好きな分野以外には興味がない、売上や利益に興味がない、会社の出来事に興味がない、などに代表されます。勿論個人差がありますし、程度の差もありますから、一律に括るのはよくないと思いますが、おしなべてそのような傾向があることは否めないでしょう。ところがツボにはまると、素晴らしい仕事をすることがあります。得意分野で顧客に信頼され、気に入られることもよくあります。企業は彼らの指導方法や業務分担に腐心しているのが実状です。

ソフト開発会社に勤めていた知人A氏が、会社の方針と自分の考えが合わず、独立してIT技術者の派遣業を始めたことがあります。彼自身が技術者であり、得意分野がありましたから、企業にいた頃の顧客とのつながりで、当初はそこそこ仕事がありました。ピーク時には、派遣要員も二十名程度となり、起業が成功しつつあると感じたものです。技術者である彼は、この会社のナンバー2であり、友人でもあるB氏に経営と経理を任せていました。A氏は根っからの技術者で、パソコンの前に座ってさえいればご機嫌で、商売にはあまり関心がなかったようです。ITバブルが崩壊し、派遣要員がつぎつぎと戻され、社員に給与も払えない事態になりました。筆者が相談を受けた時には、ナンバー2が会社の金を持って行方不明になっていました。A氏は社員一人一人の就職先を世話し、自分は二年間浪人した後、小さなIT企業に再就職しました。「雇われているって、気楽ですね」彼の実感のある言葉です。

困ったパソコン好き

中小企業の二代目、三代目には、インターネットやパソコン好きが結構多いようです。新しいパソコンが発売されるとすぐ飛びつく人、暇さえあればＩＴ関連のセミナーや展示会を渡り歩く人、自分の机の周りにＩＴのパンフレットやマニュアルが山になっている人、顧客と会うよりＩＴベンダーと会っているのが好きな人、ホームページに凝って、のめり込んでいる人。このような社長には要注意です。

一日中自分の部屋で、役員や社員とメールをしている社長もいるようです。メールで部下の報告を読んだり、指示を出したりしていれば、経営をやっているように思えるのでしょうか。世の中の動き、市場の動向、取引先や顧客の本音などを掴むためには、社員の報告と合わせて、積極的に外に出て、自分の目と耳で事実を確かめなければなりません。取引先や金融機関との緊密化をはかるのもトップの重要な仕事です。

ＩＴは経営改革のツールであり、ＩＴ化はその手段に過ぎません。**オタク型のトップの下では、とかくＩＴ化が目的になってしまう**場合が多いのです。その結果、機器や技術の導入に偏向し、目指すＩＴ化の全体像が分からなくなります。木を見て森を見ない状態におちいってしまいます。過剰なＩＴ投資、エンドレスなＩＴ投資、本来の目的を見失ったＩＴ投資が横行するのは、このようなトップをいただく会社に多いのです。いずれは、企業の屋台骨を蝕み、崩れ落ちる危険が潜んでいることに気がついて欲しいものです。

●気をつけたいオタク社長タイプ

- 新しいパソコンが発売されると飛びつく
- 暇さえあればＩＴ関連のセミナーへ行く
- 机の周りにＩＴのパンフやマニュアルが山
- 顧客よりＩＴベンダーと会うほうが好き
- ホームページに凝ってのめり込んでいる

3 情報担当役員になれる人

ＣＩＯ（チーフ・インフォメーション・オフィサー）の存在と役割が重視されるようになっています。情報担当役員、情報統括役員、最高情報責任者などと呼ばれています。ＣＩＯの任務は、

- ＩＴ化に関するトップへの助言と補佐、経営陣との調整
- ＩＴ化予算の統括
- 情報システム部門の管理
- 情報システムに関するセキュリティ管理とリスク管理
- 情報システム利用部門（ユーザー部門）との調整
- 情報システムを活用した業務改革、ビジネス改革、取引先との調整
- 情報リテラシー教育の企画
- ＩＴ基盤の整備
- システム開発発注先の選定
- 全社情報資産の管理

●ＣＩＯに求められる能力

経営知識 業務知識		ＩＴ知識
リーダーシップ	コミュニケーション	プロジェクト管理
コーチング	調整能力	プレゼンテーション

など盛りだくさんです。ＩＴ化推進にかかわるほとんど全ての事柄に責任を持つ存在として、社長を補佐しなければなりません。

ＣＩＯに求められる能力は、かなり広範なものとなります。かつてはＩＴを良く理解している人が条件でした。現在ではＩＴと経営の両方に精通した人が望ましいとされています。ＩＴ化が単なる合理化、効率化の手段であった時代はともかくとして、今や企業の競争戦略の優位性を支える最重要な手段となっていることから見ても、経営が分かっていないＣＩＯでは任務を果たせません。**自社の企業戦略、ビジネス戦略の立案に参加できる人、企業のトップに近い人**が望ましいと言えます。企業革新能力、業務知識、リーダーシップ、プロジェクト管理能力、コミュニケーション能力、コーチング能力、調整力、プレゼンテーション能力なども必要となります。

さてＣＩＯの責任は重大ですから、当然責任に見合った強い権限が与えられてしかるべきです。その意味で、ＣＥＯ（最高経営責任者）、ＣＯＯ（最高執行責任者）に次ぐ力量のある人材がアサインされることが望ましいのです。

ＣＩＯ適任者がいない

人材が必ずしも豊富でない中小企業にそのような適任者がいるであろうか、という切実な問題に直面します。「教科書的な解説では困る。うちの会社にはそんなスーパーマンのような人材は居ないよ」というのが、トップの本音ではないでしょうか。望ましいＣＩＯ像について述べてきましたが、現実論として次善の策を以下に三通り考えてみました。**ＣＩＯの任務をすべてこなせる人、期待される能力をすべて備えた人はいない**という前提ですから、これがベストだとお薦めしているわけではありません。社長に次ぐ副社長や専務を、専任に近い形でＣＩＯに任命できれば、それがベストです。

●社長自らがＣＩＯとなり、補佐役として役員クラスを任命、二人三脚で補完し合って任務を遂行する。

二人で一人前と言うわけですが、補佐役にはＩＴの勉強をしてもらうことが条件となります。ＩＴアレルギーの少ない若手の役員が望ましいと思われます。

●ＩＴ企業を定年退職したシニアを、あまり高給でない条件で迎える。

団塊の世代がぞくぞくと定年を迎える二〇〇七年問題が話題になっています。彼等は、決して能力が低下して辞めるわけではありません。経営もＩＴも分かる人材、やる気のある人材は少なくありません。良くも悪くも自社の企業風土に染まっている生え抜きより、客観的で的確な判断ができます。人的なしがらみもありません。定年後も働きたいシニアに関するネットワークや情報源は豊富に存在しますので、活用して下さい。

●経営コンサルタントやＩＴコンサルタントに委託し、外部ＣＩＯとして活動してもらう。

社内専任者に比べれば、何かと制約も多く、費用もかかります。経営者とＩＴとの橋渡し役のプロとして、経済産業省の肝いりで生まれたＩＴコーディネータの活用も選択肢となります。

4 やっぱり組織が肝心

トップの関心や意識が高まり、**ＣＩＯに適任者を得れば、ＩＴ化は半分成功したようなもの**ですが、それですべてＯＫとは参りません。適切な組織化がなされ、的確な要員が配置される必要があります。

企業のＩＴ化は、トップ、ＣＩＯ、ユーザ部門、情報システム部門（以下ＩＴ部門）の連携プレイ、ＩＴサービス会社などの委託先との緊密な関係なしには成功しません。ＩＴ専任部署を持つ余力のない中小企業者は、「ＩＴ部門」を「ＩＴ担当者」と読みかえて下さい。

なお、全社の業務実態の吸い上げと要望の共通化のために、プロジェクトチームや委員会を設ける場合もあります。

トップならびにＣＩＯの任務については、すでに説明しましたので、ＩＴ部門、ユーザ部門、ＩＴ推進委員会、プロジェクトチームについて説明します。委託先との諸問題については、第6章で触れます。

ＩＴ部門（ＩＴ担当者）は戦略部門

かつては企業内での情報システム部門（ＩＴ部門）の地位は低いものでした。筆者が関連したいくつかの企業においても、ＩＴ部門に配属された社員は不満を持つケースが多いように思われました。

例えば学校を出て総合商社に入った人間は、得意の語学力と折衝力を駆使して、海外とのビジネスで華々しく活躍したいとの思いが強いわけです。メーカーなら製品開発、流通業ならマーケティングや販売の第一線、金融業なら投資・貸付業務などで自分の力を発揮したというのが心情です。ＩＴ部門に配属されると、自社のコアビジネスから外された疎外感を抱くのも無理からぬことです。ＩＴ部門からは役員は出ないというのが、しばらくは

●ＩＴ化組織の概念図

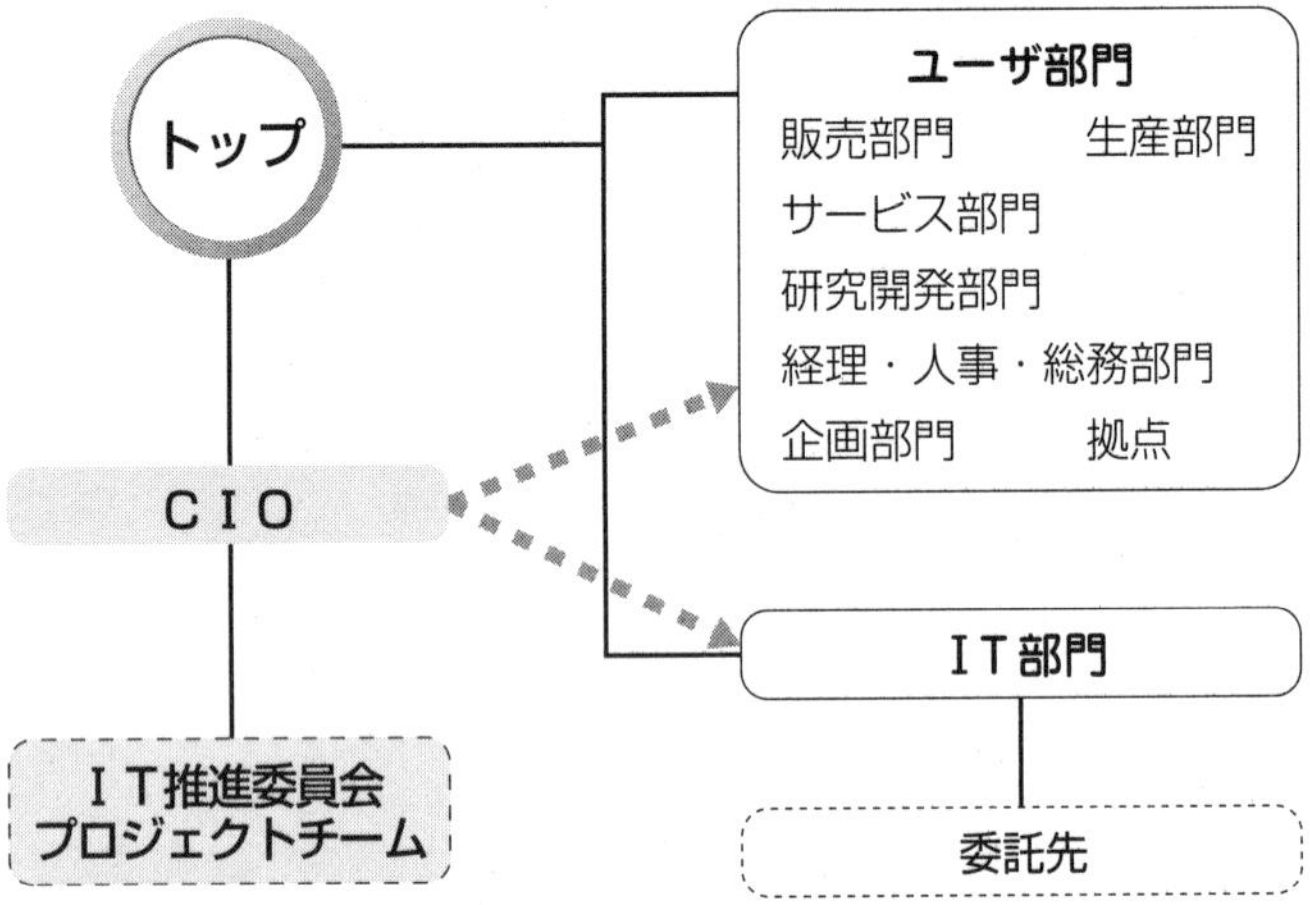

通説でした。筆者自身、顧客からお金をもらってシステムを開発する部署から、社内の基幹システムの開発にアサインされた時は、かなり落ち込んだのを覚えています。

ＩＴに対する認識が高まり、企業もＩＴ部門を重視するようになり、昨今はようやく日陰の部署にも光が当たるようになってきました。しかしＩＴ部門が少々重要視された位で喜んでいる場合ではありません。従来のＩＴ部門は、いわば社内のご用聞き部隊でした。いろいろな部署から「あれをしてくれ、これをしてくれ」と頼まれて、「はい、承知しました」と対応していたサービス部門です。

これからのＩＴ部門は、会社にとっての戦略部門に脱皮する必要があります。自社の強み弱みとビジネス戦略、同業他社や協力会社のビジネス戦略、業界のＩＴ化動向、最新の技術動向などを敏感に捉え、「わが社のＩＴ化戦略はかくあるべし」とトップやＣＩＯに提起し、いざ実行となったら、社内の機関車として全体を主導していく組織にならなければなりません。**ＩＴ部門に明確な職務と権限を付与し、力量のある人材を配置するのは当然のことです。**

またＩＴ部門の要員が、現場の業務の事態を知らなければ仕事になりません。要員の**社内ローテーション**にも心がける必要があります。ＩＴ部門は、ビジネスを熟知した現場からの要員とＩＴの専門要員とのミックス構成が望ましいと思います。ＩＴ時代の企業の命綱は、ＩＴ部門、Ｉ

T担当者が握っていると言っても過言ではありません。

ユーザ部門はIT化の主役

IT化は企業の業務改革と一体化して進められるものです。IT部門にとってユーザ部門が抵抗勢力になってしまっては、先行き真っ暗です。便利になることは歓迎するが、仕事のやり方は変えたくない、と思うのが現場であるユーザ部門の一般的な傾向です。同じ部署に長くいて、仕事に精通している社員ほど、変化を望まないのが習性です。筆者が社内基幹システムの開発を担当したときも、やはり現場の抵抗が強く苦労しました。

「今のやり方のどこが悪いのだ!」

「現場のやり方に口をださないでくれ!」

と、役員や管理職まで巻き込んで、変化を拒まれたのには閉口しました。

抵抗勢力になりやすいユーザ部門は、CIOやIT部門と現状認識を共有し、IT化の主役に変身して欲しいものです。

「企業が直面する困難は、いつも企業自身に原因がある」

日産のカルロス・ゴーンさんの言葉です。**現在のやり方がベストなのか、常に疑問を持ち、工夫し、改善し、改革していく企業だけが生き残れる厳しい時代です。現状維持は脱落を意味する**

のです。

エンドユーザ・コンピューティング（ＥＵＣ）という言葉がひと頃はやりました。なんでもＩＴ部門に頼るのではなく、エンドユーザ（現場）が「自分でできることは、自分でやる」ことです。インターネットとパソコンの普及で、ＥＵＣが当たり前になってきています。敢えてＥＵＣを強調する時代ではないかと思います。ユーザ部門は現在の業務処理を洗い出す「業務棚卸し」をはじめとして、ＩＴ化できる事項できない事項、ＩＴ化するものしないもの、現場で処理するものＩＴ部門で取り組むもの等、ＩＴ化項目の選択や要求定義の検討に率先し参画することが求められています。データ入力もユーザ部門の重要な仕事となりますし、システム運用についても、ＩＴ部門に協力する場面が多々あります。ユーザ部門は、ＩＴ化を余計な仕事と考えず、本業を強化してくれる有力な手段、欠かせない仕事と考えて下さい。

ＩＴ推進委員会とプロジェクトチーム

小さな企業でしたら、ＣＩＯとＩＴ担当者が頑張れば、ＩＴ化は比較的スムーズに進むのではないかと思われます。**仰々しい委員会やプロジェクトチームはむしろ、邪魔になる可能性があります。**社員が増えて、組織が少し複雑になると、全社横断的な機能が必要となってきます。

プロジェクトチームは、各組織単位の代表者で構成し、所属組織の業務棚卸しに責任を持ち、

ＩＴ部門を支援する役割があります。現場の業務を熟知した課長レベルの人が適任です。チーム員の作業や意見が、個人的なものに留まり、組織を代表していないケースもあります。本来業務を抱えて多忙な兼務メンバーですとなおさらです。チーム員には、組織の意見を集約する努力が求められます。ＩＴ推進委員会は、プロジェクトチームならびにＩＴ部門の応援団として、社内のコンセンサス作りや承認取りつけに機能し、ＩＴ化全体が効率的で効果的に進むのを支援します。ＩＴ推進委員会の責任者はＣＩＯが適任です。プロジェクトチームのリーダーは、ＣＩＯの管理指導を受けます。

「ＩＴ部門」、「ユーザ部門」、「ＣＩＯ・ＩＴ推進委員会・プロジェクトチーム」のトライアングルの協同体制が密に機能すれば、ＩＴ化の成功は保証されるでしょう。

●トライアングル体制がＩＴ化を成功させる

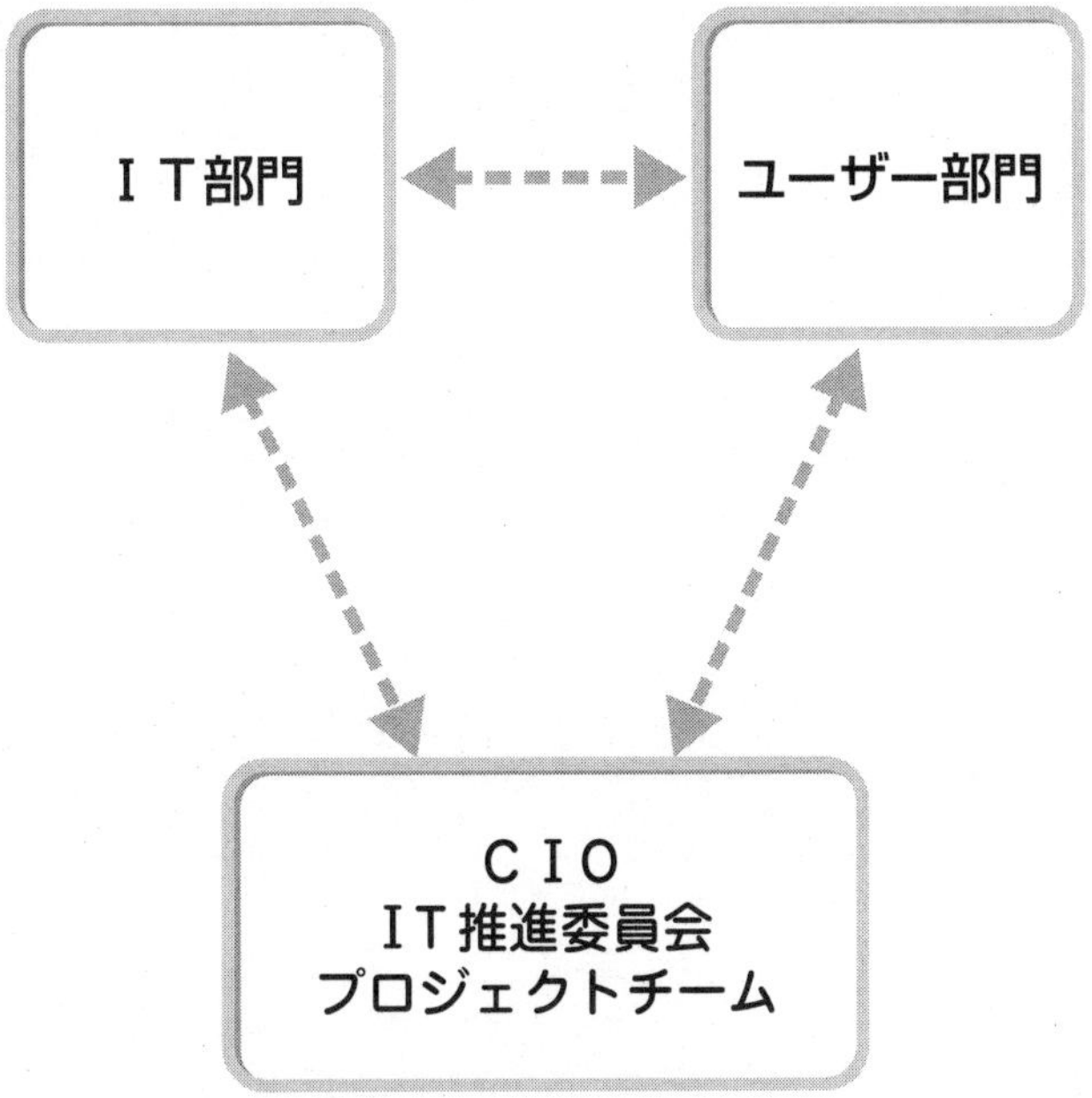

コラム3

IT資格あれこれ

世の中いまや資格ブーム。サラリーマンやその予備軍が資格を取ろうと頑張っている背景には、長期の不況、若年層の高い失業率、団塊の世代に迫る定年、不透明な年金制度など、厳しい現実があります。若い人達は資格があれば就職や仕事に有利と考えています。中高年の人たちは、定年後や老後も自分のキャリアや知識を生かし、社会のお役に立ちたいし、少々のお小遣いも欲しい、資格がある方がチャンスは多いと考えています。

資格はあって邪魔になるものではなく、無いよりはよいでしょう。しかし資格があれば仕事が来るとか独立できると思うのは早計です。特殊な仕事は別として、一般には報酬は仕事のパフォーマンスに対し支払われるもので、資格に支払われるものではありません。資格はその人のその分野での、知識と勉強の証しであり、資格があれば「私は知識があります。勉強もしました」と口で言うよりは信用されるというものです。業務経歴や経験を重視する資格もありますが、認定方法には限界があります。

資格取得を奨励する企業と、さほど奨励しない企業があります。会社にとって顧客獲得に有利となる資格は当然取得を奨励することになります。会社で勉強し資格を取って、サッサと転職するドライな人もいます。資格試験には強いが、実務での業務遂行能力が低く、貢献度も低いというような困った社員もいます。体育会系出身の営業マンで、体力気力が抜群で、頑張りが利き、販売成績優秀ながら、ペーパーテストにはからっきし弱いというような社員も結構多いようです。資格とは、企業にとっては両刃の刃なのです。

ＩＴの分野には大きく分けて三通りの資格があります。

(1)公的機関が認定する資格
(2)ベンダーが認定する資格
(3)その他民間資格

です。

外部のサービスベンダーや要員を選定する基準の一つに資格があります。しかし資格イコール実力とも言い切れない面があることにも留意しなければなりません。自社の情報リテラシー向上策として、外部の認定試験に挑戦させるのもよい方法です。

●主なＩＴ資格一覧

区　分	資　格　名	認定機関
公的機関が認定する資格	システムアナリスト プロジェクトマネジャ アプリケーションエンジニア テクニカルエンジニア 情報セキュリティアドミニストレータ ソフトウェア開発技術者 基本情報技術者 システムアドミニストレータ システム監査技術者	経済産業省 実施は ㈶日本情報処理 開発協会
	技術士	文部科学省 実施は ㈳日本技術士会
	中小企業診断士	経済産業省 実施は ㈳中小企業診断協会
ベンダーが認定する資格	マイクロソフト認定プロフェッショナル オラクル認定コンサルタント SAP認定コンサルタント シスコ認定技術者 SUN JAVA認定資格 IBM DB2グローバルマスター	マイクロソフト 日本オラクル SAPジャパン シスコシステム サン・マイクロシステムズ 日本IBM
その他民間資格	ITコーディネータ	ITコーディネータ協会（NPO）

第4章 システムは人が作る

この章のキーフレーズ

■あらゆる業種に精通したソフトウェア・エンジニアなど存在しない
■ソフトウェア・エンジニアは、ある業種のシステムを開発する過程で、その業種の業務知識を獲得
■コニュニケーション能力の低いソフトウェア・エンジニアが多い
■ソフトウェア・エンジニアが優秀かそうでないかは、常識と気配りで決まる
■ミスを絶対にしない人間はいない。ソフトはたった一字のミスで誤動作する
■例外的な処理について、十分なチェックが出来ないまま本稼働を迎えることがある
■現場の業務を熟知したスタッフをローテーションすること
■プロジェクトマネジャが完璧なら、トップの仕事はほとんど無い
■トップに行って欲しい管理業務もある
■監査の勧告をトップが重く受け止め、的確な処置を命じること

1 情報システムを作る人々

ＩＴ化を実現するためには、情報システムが中心的な役割を果たします。情報システムの開発は、社内ＩＴ部門か外部ＩＴサービス企業に所属するソフトウェア・エンジニアの仕事です。昨今はコンピュータ・メーカーもＩＴサービス事業に進出しています。一般的にはシステム開発の上流工程、中流工程、下流工程のそれぞれにより、担当エンジニアに求められる経験・能力が異なります。経済産業省の認定試験の区分（コラム3参照P.90）で言えば、概ね上流工程の担当は**システムアナリスト**、中流工程の担当は**アプリケーションエンジニア**、下流工程の担当は**ソフトウェア開発技術者・基本情報技術者**が該当します。各工程における主な仕事はつぎのようなものです。

● **上流工程**

ＩＴ化戦略に基づきＩＴ化計画を策定する。

ＩＴ化計画に基づき、要求される情報システムの開発・導入・運用の基本計画を作成する。

対象業務を分析し、開発システムのシステム化計画を作成する。

● **中流工程**
開発システムの概要設計を行う。
プログラム開発、パッケージ・ソフト導入、プログラム・テストの実施計画を作り、その実施を主導する。

● **下流工程**
開発プログラムの詳細設計、プログラム設計を行う。
プログラムの開発とテストを実施する。

情報システム開発の責任者が**プロジェクトマネジャ**（プロジェクト管理者）です。プロジェクトマネジャの仕事はつぎのようなものです。

● 当該プロジェクトの計画・推進・管理に責任を持って従事
● 必要な資源を調達し、プロジェクトの体制を確立
● 品質、納期、予算を管理し、プロジェクトを円滑に運用
● 進捗状況を把握し、問題が生じたら、その解決に努力

業務知識が不可欠

ソフトウェア・エンジニアは、上流工程に行くほど、企業の業務知識を必要とします。業務知識と言っても、業種ごとに違いますから、**あらゆる業種に精通したエンジニアなど存在するはずがありません。**

例えば「彼は優秀なシステムアナリストです」と言うと嘘になります。例えば「彼は**金融業に詳しい**優秀なシステムアナリストです」と言われれば納得できます。「彼は**証券業に関し豊富な業務知識を持った**優秀なシステムアナリストです」となれば、一層信用できるというものです。

上流工程を担当するエンジニアを選定する場合、日本標準産業分類の大分類（左記）程度の業種区分で得意不得意を見極める必要があります。

> 農業、林業、漁業、鉱業、建設業、製造業、電気・ガス・水道、情報通信、運輸業、卸売・小売業、金融・保険業、不動産業、飲食業・宿泊業、医療・福祉、教育・学習支援公務、その他のサービス業

中流工程、下流工程を担当するエンジニアも、ある程度の業務知識が必要です。特にビジネス系のソフトウェア・エンジニアには、業種に関係なく、企業会計の知識は欠かせません。

ソフトウェア・エンジニアに望まれる業務知識について指摘をしましたが実態はかなり悲観的です。ITにかかわる人々の多くは、残念ながら企業経営や経営管理にあまり興味がありません。財務諸表の知識にも乏しい技術者がたくさんいます。経済産業省は認定試験の科目に、「情報化と経営」および「企業会計」を加え、業務知識の向上に努めています。

ソフトウェア・エンジニアの多くは、ある業種のシステムやソフトウェアを開発する過程で、その業種の業務知識を獲得して行きます。ほとんどがOJT（オンザジョブ・トレーニング）で育成されています。**従って経験の豊富なエンジニアと乏しいエンジニアでは、プロ野球選手と少年野球の選手くらいの差があるのです。**

ソフトウェア・エンジニアの特性

ソフトウェア・エンジニアの中には、企業の経営や業務に関する知識が乏しい一方、ITについての興味や知識が驚くほど高い人がいます。彼らは、社会や企業の仕組みには無関心ですが、コンピュータの仕組みやソフトウェアの機能には底なしの興味を示します。筆者の回りにも、買ってきたパソコンを分解しては、他のひとが真似のできない独自のパソコンに組みかえて楽しんでいる同僚がいました。果たしてそのパソコンが、企業にどのような貢献をしていたのか定かではありませんが。

彼らの多くは、会社の業績にあまり関心がありません。営業マンのような数字のノルマはありませんし、自分が属している会社が、儲かっているのか、いないのか、などは彼らにとっては大した問題ではないのです。コスト意識にも乏しく、周囲の人間にも関心がないうえ、時間にもルーズ、というような人をよく見かけます。

彼らは相手がどのようなバックグランドを持った人であろうが、専門用語で話します。相手がトップや経営陣であっても、技術用語を遠慮なく使いますから、お互いに会話にならないのです。筆者自身、駆け出しの技術者の頃は、よく偉い人から「おまえの説明は全く理解できない」とお叱りを受けたものです。**コミュニケーション能力の低いエンジニアが多いのです。**IT部門の幹部やCIOは、トップに対し通訳になったつもりで、難しいことを易しく話してもらいたいものです。

あえて反論を覚悟で、ソフトウェア・エンジニアの一般的特性をまとめると、つぎのようになるかと思います。無論、この特性に全く当てはまらない立派なエンジニアが随所に存在することを付言しておきます。

- 経営知識、業務知識、企業会計の知識に乏しい
- 会社の業績に興味がない

●コスト意識が乏しい
●周囲の人間に興味がない
●時間にルーズ
●技術用語、専門用語を（相手が誰でも）遠慮なく使う
●コミュニケーション能力が低い

このようなエンジニアを束ねるのがプロジェクトマネジャですから、その苦労は推して知るべしです。**失敗プロジェクトの多くは、有能なプロジェクトマネジャを得られなかった場合に発生しています。**とかくソフトウェア・エンジニアに対する教育は、技術教育に偏重しがちですが、IT知識の習得と併せて、業務知識やビジネスマンとして必要な常識を注入することが肝要です。

2 システム屋は一国一城のあるじ

情報システムの開発にあたっては、基本計画に基づき概要設計書、詳細設計書、プログラム設計書など、順次ブレークダウンして詳しいドキュメントを作成します。開発はこれらの設計書に基づき実施されます。従って誰が開発しても、同じようなシステムやソフトウェアが出来上がるはずです。

しかし実際は全く違います。同じ設計書に基づき、AさんとBさんがソフトウェアを開発したら、大変違うものになるのです。そこが一般的なモノ作りと根本から違っているところです。もしAさんがベテランで、Bさんが新人なら、その違いはなおさら大きいことになります。

大手の住宅メーカーは、顧客と相談しながら家の設計をすると同時に、使用するすべての部材をネジ一本まで、細かく決めて行きます。着工段階になると、地元の工務店を下請けに使いながら建築を進めて行きます。完成した住宅は、どの工務店が担当しても、同じものとなります。

筆者の新人プログラマ時代の経験でも、先輩が一〇〇ステップ（一〇〇行の命令）で作り上げてしまうプログラムを、筆者は二〇〇ステップも三〇〇ステップも掛かってしまうのです。先輩に追いつくまでには、幾度もの失敗と試行錯誤を繰り返しました。

鶴亀算しか知らない人と、簡単な方程式を知っている人とでは、計算のスピードは違いますが、計算結果が同じなのと似ています。1から10までの足し算を、

1＋2＋3＋4＋5＋6＋7＋8＋9＋10＝55

と計算する人と、

（1＋10）×5＝55

という計算方法を知っている人との違いにも似ています。

常識やセンスの世界

ソフト開発のために準備される設計書は、非常に詳しいものですが、それこそ「箸の上げ下げ」「ネジ一本」まで記述することは不可能に近いのです。米海軍で、軍艦を運用・保守するためのマニュアルが膨大過ぎて、その重みで軍艦が何センチか沈んだのが、CALS（コラム2参照P.65）開発のきっかけになったという有名な話があります。マニュアルを全て電子化し、ペーパレス化

したことが、ＣＡＬＳの発想の基になりました。それ程膨大な設計書を作ることは実際にはないわけで、細部はソフトウェア・エンジニアの裁量に任せることになります。

任されたエンジニアは、たとえ新人であろうとも、自分が書くプログラムが他人に介入されることはありません。人の書いたプログラムを解読するのは、非常に苦痛をともなう仕事ですし、また同じプロジェクトのチームメンバーが、他の人のプログラムを逐一チェックすることはまずありません。プログラムのテストに移り、**ミスが判明するまでは、エンジニアは一国一城の主なのです。**

常識やセンスが豊富な人と、そうでない人とでは、設計書やプログラムに明らかな差異があります。ごく簡単な例で、年齢データの入力に、二〇〇という数字が現れたら「データ・ミスのメセージを表示し、はじき出す」のは、担当エンジニアの裁量でできます。いくら人類の寿命が延びても、二〇〇歳まで生きる人はいないでしょうから、あり得ない数字を拒絶するのが、親切なプログラムと言うことになります。

最近のように、Ｗｅｂコンピューティングが主流になってくると、ユーザと端末との接点であるパソコン画面のデザインの良し悪しが重視されます。ユーザにとって理解しやすく、操作しやすい画面作りや言葉選びが求められます。画像の配置や配色、音声の選択などは、まさにセンスの世界です。

プログラム作りには、このような細かな工夫を要する部分が随所にあります。**ソフトウェア・**

エンジニアが優秀か優秀でないかは、常識と気配りがどれ程あるかで決まるような気がしています。それだけに、気配りの乏しい、不親切なプログラムを組まれてしまったら、ユーザは非常に苦労します。要求された機能は満たしているけれども、ユーザにとってなんとも使い勝手の悪いソフトが、世の中に氾濫しているということに、十分留意して下さい。

ソフトウェア・エンジニアは、経験豊富であって、次のような素質を持ちあわせている人になってもらうよう念願します。

- **ユーザの立場で考えられる人**
- **常識・センスのある人**
- **気配りのできる人**
- **親切な人**

3 完璧なシステムなど存在しない

コンピュータ・プログラムは、「I」を「1」、「O」を「0」と間違っただけで、正しく機能しません。

プログラムの中に存在する誤りを、バグ（虫）と言います。昔、コンピュータの中に虫が紛れ込んで故障してから、このような用語を使うようになったそうです。「バグのないプログラムはない」と言うのが、IT担当者の合い言葉のようなものです。

プログラム上のミスにも、いろいろあります。

- 誤字脱字のような単純なミス
- ロジック上のミス（考え違い）
- テスト時の見落とし
- 担当者間のコミュニケーション上のミス
- 設計上のミス
- 対象業務に対する誤解

銀行の基幹システムのような、何十万ステップに及ぶ複雑なプログラムも、中小企業の比較的シンプルなプログラムも、たった一文字のミスで誤作動をしてしまいます。ソフトウェア・エンジニアは常に細心の神経を使ってプログラムを組んでいますが、**ミスを絶対にしない人間はいません。**誤字脱字、考え違い、などはあってはならないものの、ありうるミスです。エンジニアは先ず自分の頭脳で、間違いがないかをチェックします。次に自分の担当した部分を、コンピュータで正しく動くか単体テストをします。うまく作動したら、他の担当者が受け持った部分と合体し、結合テストを行います。最後にシステム全体が正しく動くか、システムテストを行います。各段階でバグが見つかれば、すぐ修正しますが、なかなか見つからないバグもあります。運用テストを経て本稼働に移ってから発見されるトラブルは、このような見つけにくいバグに起因することが多いのです。

ミスにも理由がある

見つかりにくいミスには、たいがい理由があります。コンピュータのソフトウェアは、対象としている業務で起こりうる全てのケースを想定して作られています。卑近な例ですが、もしあなたが、東京から青森へ移動する時の、すべての道路が通行可能か否かチェックする仕事を命じられたとします。高速道路、普通の国道、県道、市道、さらには農道、私道、あぜ道など、ルートは無数にあります。交通量の多い高速道路や国道など、幹線道路についてはチェック出来ますが、滅多に人の通らない私道やあぜ道までチェックしていたら、幾ら時間があっても足りません。ソフトウェアのテストは、頻繁に起こるであろう業務処理については、テストデータを使って徹底的にチェックしますが、ほとんど起こらないような**例外的な処理については、十分なチェックが出来ないまま本稼働を迎えることがある**のです。

トラブルの多くは、たまにしか要求されないような業務の処理で、運悪くミスが発生するケースです。ありとあらゆる場合を予想し、どんなデータがどれほど大量に入ってきても、ソフトが正常に動くことを確認するのが当然とは言え、時間的な制約、人的な制約、予算的な制約などで、一〇〇点満点を取るのは難しいのです。

コミュニケーションのミス、対象業務に対する誤解、設計上のミスは、優れて人的なミスです。

● **口頭でなくドキュメントやメールによるコミュニケーション**

言った言わない、頼んだ頼まれない、などの行き違いがないようにする

● **対象業務担当者とＩＴ化担当者との緊密な連携**

処理サイクル、最大データ量などを、業務担当者にしっかりと確認する

●**設計時点での、複数の人による徹底的な検討**
ひとりで考えるより、岡目八目で、いろいろな人がいろいろな角度から検討することで、設計段階で未然にミスを防ぐ

など、ミスを最小限に押さえる努力をしなければなりません。ＩＴ部門に**現場の業務を熟知したスタッフをローテーション**することも必要です。

バグのないプログラムはない、などとやや悲観的な話をしましたが、

●ミスが見つけやすいプログラム作りに努める
●ミスが見つかった時の対処の方法や手順を明確にしておく
●修正し易いプログラム作りに努める

などを、ＩＴ部門が中心になって、常時研究しておくことが大事です。

4 ITプロジェクトの管理のコツ

昨今プロジェクト管理に関する研究が盛んです。本書では筆者が経験した失敗プロジェクトや成功プロジェクトを下敷きに、企業のトップが行うべきＩＴプロジェクトの管理について述べています。

本章の第一節で、プロジェクトマネジャの仕事を列挙しています。

- 資源を調達して、プロジェクト推進体制を確立すること
- プロジェクトを計画し、推進し、進捗状況を管理すること
- 問題が発生したら、その解決に努めること
- 品質の管理、納期の管理、予算の管理を行い、プロジェクトを円滑に進めること

プロジェクトマネジャが完璧に責任を果たしてくれれば、走り出したプロジェクトに関して、トップのやる仕事はほとんど無いと言っても過言ではありません。トップがＩＴプロジェクト管理でやらなければならないことは、プロジェクトマネジャがきちっと自分の仕事をしているか、

チェックすればよいことになります。しかし実際は計画通りに進捗するプロジェクトはむしろ稀《まれ》です。今まで述べてきたように、

- 日進月歩の技術
- 人材確保、特にプロジェクト・リーダ確保の困難さ
- 業務知識やコスト意識の乏しいソフトウェア・エンジニア集団
- 担当者の個人的な裁量への依存
- ミスがつきものの、人海戦術による開発

などを考えれば、トラブルが起こらない方が不思議です。

トップも管理に参加を

ＩＴプロジェクトを成功させるために、**管理面で経営トップに行って欲しい仕事**は、つぎの三点です。

- **ＣＩＯとの密接な連携プレイ**

ＣＩＯはトップの右腕として、ＩＴ化を成功させる任務を負っています。できれば毎日三十分でもよいので、以下のような事項を確認し、必要な指示や手だてを講じて下さい。

―ＩＴ化戦略に沿って進んでいるか
―期待通りの業務改革がなされるか
―ＩＴ化について、社内の理解と協力は得られているか
―役員、ＩＴ部門、ユーザ部門間にトラブルはないか
―プロジェクト推進体制に不都合はないか
―ＩＴ予算の把握・統括はできているか
―プロジェクトマネジャの仕事ぶりに問題はないか
―外注先との連携は円滑に行っているか
―企業の保有する情報資産を正確に言えるか

●ＩＴ部門長とプロジェクトマネジャが行っている管理状況のチェック

小企業では、ＩＴ部門長がプロジェクトマネジャを務めているケースが多いと思われます。ＩＴプロジェクトが複数件推進されている場合は、ＩＴ部門長が複数のプロジェクトマネジャを統括しているケースもあるでしょう。

トップは、少なくとも毎週一回は、一時間程度、以下のような事項を確認し、ＣＩＯに命じて必要な対策を講じて下さい。

―プロジェクトを分担しているサブ・チームの構成と分担項目は何か
―分担項目ごとの状況（納期、品質）は、計画どおりに進んでいるか
―計画との乖離があれば、その理由と対策は何か
―分担ごとの経費実績は、予算内で推移しているか
―予算との乖離《かいり》があれば、その理由と対策は何か
―担当要員に問題はないか
―外注先とのトラブルはないか

●システム監査の実施

トップはシステムの監査を命じ、報告を受けて必要なアクションをとらなければなりません。システム監査は社内に監査できる人がいない場合は、外部のシステム監査人やコンサルタントに依頼することになります。システム監査とは、監査人が以下のような事項をチェックし、トップに改善勧告をすることです。年一回はＩＴ化全体の監査、その中間で特定テーマの監査を行うことが望まれます。

企画業務

―計画の見直しや承認、計画項目や優先度、組織、セキュリティなど
―現状分析の方法、技術予測、リスクやエラー、プライバシーなど
―法律や制度、システム導入とシステムのライフサイクルなど
―計画遂行上の資源、業務分担、責任体制など
―機種選定、技術選択、費用算出基礎、効果の定量・定性評価など
―要員の職務権限、教育・訓練など

開発業務

―開発手順の適切性、開発マニュアルの標準化や改訂など
―要員の職務権限、技術とモラルの向上、開発マニュアル遵守など
―要員の作業環境、健康診断、カウンセリングなど
―システム設計書の承認、障害対策、セキュリティ確保、移行計画、運用計画、帳票設計、データベース、システム・テストなど
―プログラム設計の適切性、プログラミングの正確性、プログラム・テストなど
―システム・テストへのユーザ参加、テスト結果の承認・記録など

運用業務

─操作手順の標準化、ジョブ・スケージューリングやオペレーションなど
─入力データの作成や取扱い、エラー処理など
─データやプログラムの管理、不正アクセス防止、保管や廃棄など
─ファシリティ（建物、コンピュータ、関連設備）の適切な管理など
─出力情報の管理や活用、引き渡し、保管や廃棄など
─要員管理、外部委託の選定・契約・業務分析評価など

システム監査は、情報システムの信頼性、安全性、効率性を高めるための監査ですから、監査結果と**改善勧告をトップが重く受け止め、ＣＩＯ、ＩＴ部門、ユーザ部門に対し処置を命じなければ意味がありません。**また技術的な事項は、各担当に任せ、経営面、組織面、人材面、予算面に関する勧告については、トップが率先垂範して問題解決に当たらなければなりません。

経営トップがＩＴプロジェクトで行うべき管理は、システムの中身に関与することではなく、ＣＩＯ、ＩＴ部門長、プロジェクトマネジャが、その責任を全うしているか否かを徹底的に確認することに他なりません。ＩＴプロジェクトも、それ以外のプロジェクトも、貴重な経営資源であるヒト、モノ、カネの無駄使いを未然に防ぎ、最少の投資で最大の効果を挙げることが求められています。

コラム4

システム開発の基礎知識

経営者にシステム開発についての知識はそれほど必要ないと考えています。本文に概要設計とか詳細設計などの言葉が出てきますので、ざっくりと補足しておきます。

システムは、要求定義とIT化計画を盛り込んだ基本計画に基づき開発が開始されます。開発は大きく区分すると設計と開発とになります。開発が終わるとシステムの運用・保守に移行します。

設計には概要設計、詳細設計、およびプログラム設計があります。開発にはプログラミング、単体テスト、結合テスト、システムテスト、および運用テストがあります。

システム開発の基本フロー

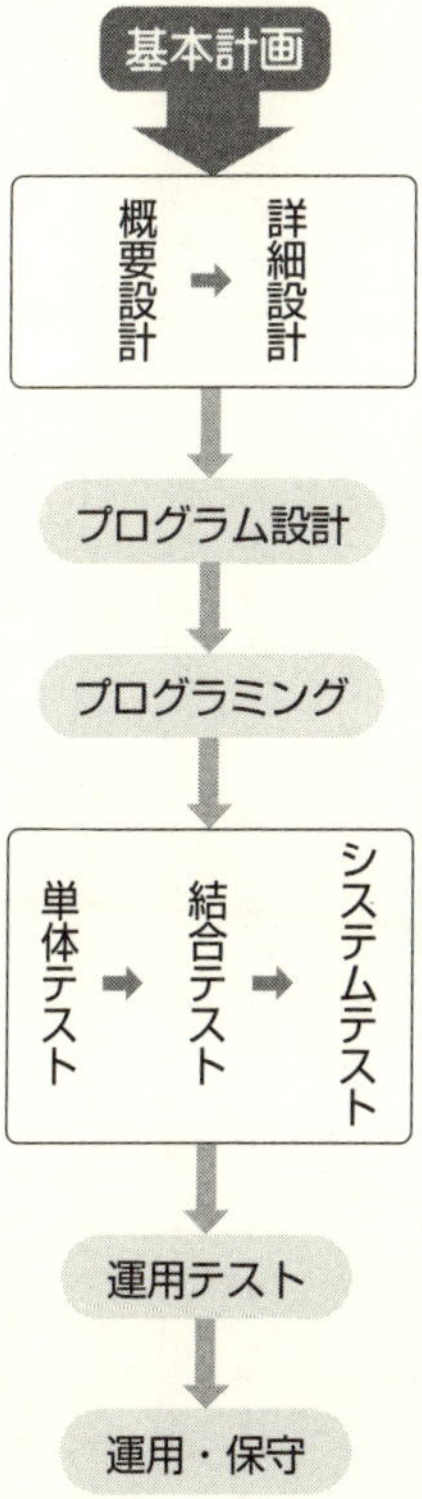

区分の名称は、ＩＴベンダーや書籍により少しずつ異なりますが、ほぼ共通項に従っています。概要設計を外部設計、詳細設計を内部設計と呼ぶ場合が多いです。外部設計はユーザの業務から見た設計、内部設計は開発者がコンピュータ処理を意識した設計となっています。プログラム設計はプログラムの内部の構造を設計したものです。プログラミングは、コンピュータが認識可能な言語でコーディングする作業です。この図の矢印の順に開発する方法は、上流工程から下流工程に流れるイメージで、**ウオータフォォール型**開発と呼ばれています。

ウオータフォォール型の他にも、いくつかの開発方法があります。プロトタイピング型、スパイラル型などが代表的な開発方法です。

プロトタイピング型
開発の基本フロー

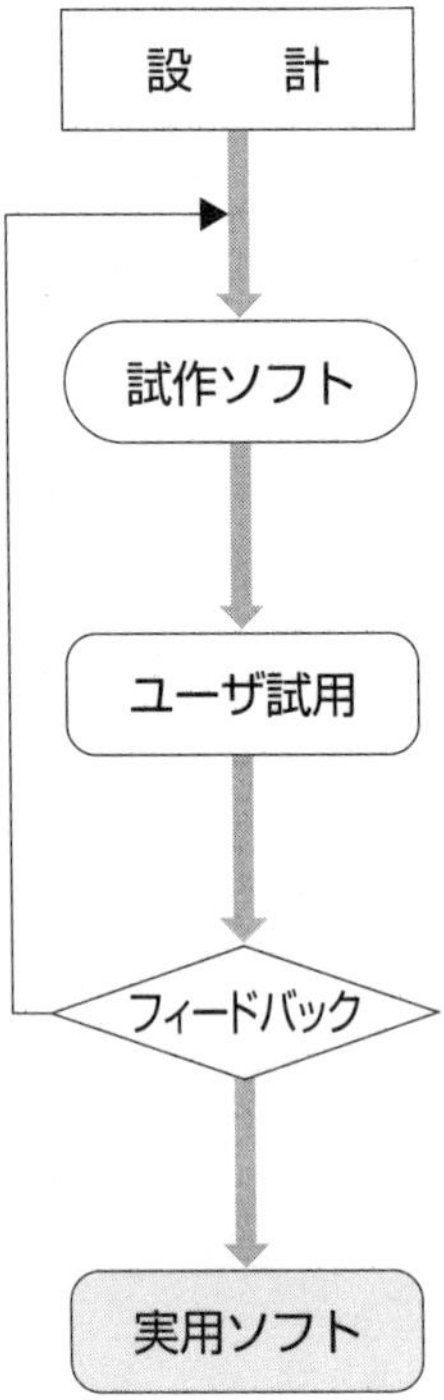

プロトタイピング型は、開発の早い段階で、試作品（プロトタイプ）を作り、これをユーザに試用してもらうことで、ユーザの要求や問題点を明らかにし、開発にフィードバックさせる方法です。インターネットを利用するビジネス用の小規模なシステムの開発などには、この方式が適しています。

スパイラル型は、独立して開発できる構成要素ごとに、概要設計、詳細設計、プログラミング、テストをスパイラル（らせん）のように繰り返す方法です。仕様変更への対応が容易で、開発への見通しが立てやすい面があります。

オブジェクト指向分析、構造化設計、データ中心アプローチなど、さまざまな開発方法論がありますが、省略させていただきます。

第5章

IT投資効果は測れるか

この章のキーフレーズ

■情報システムも情報も、組織や人により効果の判断が異なる

■ＩＴ投資の効果は、さまざまな施策の相乗的な混合効果

■ある部署にとって効果大でも、全社的には失敗かも知れない

■ＩＴ投資は、基盤整備投資、効率化投資、戦略投資に区分

■基盤整備投資では、資産管理、コスト管理を徹底

■効率化投資は、定量評価できやすい

■戦略投資は、マクロ的には売上増大、利益増大で評価

■トップにはシステム監査を行わせる義務

■すべてのＩＴ資源を対象に、セキュリティ監査を実施

■ＩＴ統治では、トップのマインドとスタンスが大事

1 ＩＴ投資の評価は難しい

ＩＴ投資の効果を厳密に評価することは、大変難しいことです。多くの研究者や実務家にとって、古くて新しい課題です。メーカーが工場を新設するときには、初期投資、稼働コスト、生産量、生産性、原価、投資効果などを、ほとんど正確につかむことができるでしょう。ＩＴ投資の評価問題では、主につぎのような特性が、ことを難しくしています。

ＩＴ投資の特性

第一に、ＩＴ投資の成果物は、仕組みや情報システムや情報そのものであり、価値判断が困難なことです。例えば一〇〇〇万円かけて開発した情報システムが、一〇〇〇万円の価値があるとは言い切れません。情報システムという無形のものの価値は、そのシステムの持つ機能をどれだけ発揮するかにかかっています。情報システムからアウトプットされる「情報」そのものの価値も、評価が非常に難しい代物です。**情報システムも情報も、利用する組織や人により、その効果が大きくも小さくも判断される**性格のものです。

第二は、**ＩＴ投資の効果と他のさまざまな施策による効果とは、相乗的な混合事象**だということです。化合物を試験管で成分分析するようには、この場合の混合事象は分解できないのです。

営業を支援するＳＦＡ（セールスフォース・オートメーション）を例にとりましょう。このシステムによって、営業マンは、必要な顧客情報や自社の商品情報について、出先から迅速に知ることができ、効率的な営業活動が可能となります。このシステムの導入を機に、営業戦術の改革と徹底した営業マン教育を行い、営業成績が向上したとします。ＳＦＡ導入、営業改革、営業マンのやる気、の相乗効果により、営業成績が向上したと見るのが正しいと思われます。成績向上の要因をあえて細かく分解しても、それで何が言えるのか疑問です。

第三は、**企業の全体評価と部分評価の問題です。ＩＴ化がある部署にとっては大きな効果があったとしても、全体から見ると失敗かも知れない**のです。第2章では、ＩＴ化により決算の早期化が実現した反面、経理部の残業代が増えた話を引用しました。逆のケースを考えてみましょう。例えば人事部のリクルート担当を減員し、インターネット採用に大きく依存するような改善をしたとします。その結果、面談による親身な学生対応ができなくなり、優秀な人材が

ＩＴ投資効果測定の実施状況（ＪＵＡＳ調査より）

	実施している	一部実施	実施していない
事前評価	13%	34%	53%
事後評価	6％	35%	59%

集まらなくなったとします。人事部の人件費は減ったものの、会社としては困った状況になったと言わざるを得ません。部分成功、全体成功が理想ですが、部分成功、全体失敗とか、部分失敗、全体成功のように、評価が二分するのがＩＴ化にはつきものなのです。

二〇〇四年二月にＪＵＡＳ（日本情報システム・ユーザー協会）が発表した「ユーザ企業ＩＴ動向調査」では、右表のような結果がでています。

この調査結果はＪＵＡＳ会員企業の中の、ＩＴ部門八七二社、ユーザ部門八六三社からの回答に基づいています。比較的大きな企業が多いＪＵＡＳ会員でさえこのような結果ですから、中小の企業でＩＴ投資の評価をきちっと行っている所は極めて少ないと判断されます。だからと言って安心してはいけません。中小企業であっても、年々増加するＩＴ化投資を、合理的に評価しシビアに判断するようにしなければ、蛇口の壊れた水道になってしまいます。次節ではＪＵＡＳの調査等を参考に、ＩＴ化投資の評価に関する考え方を論じます。

②　ＩＴ投資の考え方

ＩＴ化投資の評価が難しいと言う話をしてきましたが、それでも何とかして評価し、少しでも正しい判断ができるように、努力しなければなりません。

ＩＴ化投資を三つのカテゴリーに区分することから始めます。

- 基盤整備投資
- 効率化投資
- 戦略投資

基盤整備投資とは、ネットワークの導入、インターネット接続、メールやグループウェアの整備、ウエブサイト（ホームページ）の整備、ならびに対社員、対取引先、対顧客、対株主、対金融機関など、企業が存在を続ける上で不可欠な情報システムの導入・開発の

基盤整備投資	ネットワーク、メール、グループウェア、取引上不可欠なシステムなど
効率化投資	省力化、経費削減、在庫削減、業務処理のスピードアップなど
戦略投資	商品開発、事業創出、アライアンス、競争力強化、意思決定高度化など

ことです。

効率化投資とは、省力化、経費削減、在庫削減、納期短縮、品質向上、業務処理のスピードアップ、サービス向上などを支援するＩＴ投資のことです。いわば守るためのＩＴ投資と言えます。

戦略投資とは、商品開発、事業創出、アライアンス、競争力強化、顧客満足度向上、意思決定高度化などを支援するＩＴ投資です。いわば攻めるためのＩＴ投資と言えます。

三つのカテゴリー分けは、評価の方法を考え易くするための便宜上の区分です。すべてのＩＴ化投資が、このようにきっちりと定義できるわけではありません。各区分の間にはグレーゾーンも存在しますし、重複も存在します。その意味では、評価をしようとするＩＴ化事項の主たる目的をよく検討して、いずれかに区分する必要があります。

初期投資	・ハードウェアの導入、ハードウェアの設置 ・ソフトウェアの開発、パッケージソフトの購入とカスタマイズ ・ネットワークの整備 ・教育訓練 ・サイトの整備
運用・保守	・ハードウェアのリース料・保守料 ・ソフトウェアの更新料・保守料 ・データ入力、外注費 ・消耗品費

ＩＴ化投資として発生する費用は、**初期投資コストと運用・保守コスト**に大別されます。初期投資としては、ハードウェアの導入・設置、ソフトウェアの開発・購入、ネットワーク整備、教育訓練費、サイト整備費などがあります。

運用・保守コストとしては、ハードウェアのリース料・保守料、ソフトウェアの更新料・保守料、データ入力費、外注費、消耗品費などがあります。

以上の他にコンサルタントへの委託費、ユーザ部門の人件費なども発生する可能性があります。ソフトウェアは無形固定資産として計上し、社内利用で五年、販売用もしくは研究開発で三年の減価償却が認められています。しかしＩＴの進歩は早く、ソフトウェアの不良資産化に十分注意する必要があるでしょう。

3 効果の評価をどうするか

厳密な評価は難しいことを指摘しました。すぐにでも取り組まなければならない案件について、長い期間をかけて評価することは、得策とは思えません。また時間をかければ信頼性の高い評価ができるという保証もありません。ＩＴ化投資の評価は、時間をかけて緻密に行うより、要所要所で課題を定めて集中的に行い、必要な軌道修正を施すことこそ重要です。

ＩＴ化投資の効果を把握するためには、以下のような評価や監査を実施する必要があります。

ＩＴ化全体に関する経済性の評価

経済性の評価は、企画段階で行う事前評価が最も重要です。投資すべきか否かの意思決定に直結しているからです。ＩＴ化投資の場合は、いくら投資したら、いくら儲かるか、という議論がしにくく、どうしても机上での作文になり易い面があります。作られた数字、不確かな数字に基づき意思決定をするのは危険なことです。経済性の事前評価は、ある条件や前提の下で想定される数字として、または将来の努力目標として、あくまで参考にするべきものと言ってよいでしょう。投資にゴーサインが出たらシステム開発を含めたIT化推進に取り組むことになります。実施段階では、企画時に設定した数字と対比し、差異の分析をすること、必要な処置を取ること、が大事です。同様に事後評価も欠かすことはできません。企画、実施、事後の各段階で、可能な評価を行い、ITプロジェクト全体の効果を継続的に把握し、的確な推進を実現しなければなりません。

基盤整備投資については、経済性の評価を行った結果、取りやめるという選択肢は考えられません。企業が競合他社と同等のIT環境を整備することは、必要不可欠な投資です。また重要な取引先との関係を維持するために、避けて通れない投資もあります。社員が普通に仕事をこなすための道具への投資も必要です。基盤整備の投資については、**設備やシステムの選定を合理的に行うこと、整備後の資産管理やコスト管理をきちっと行うことが最も大事です。**

効率化投資については、いくら儲かるかではなく、**どれだけ効率化できるか、あるいは効率化できたか、を評価しなければなりません。**人員削減効果、

基盤整備投資	ハード・ソフトの合理的な選定、IT資産の管理、コスト管理
効率化投資	人員削減、在庫削減、処理速度アップなど、効率化の程度を定量評価
戦略投資	売上・利益増大、戦略展開の内容を定性評価

在庫削減効果、経費削減効果、納期短縮効果、決算処理短縮効果、業務処理のスピードアップ、顧客サービスの効率化効果など、**定量評価**でき易い項目が多くあります。ＩＴ化の企画段階で、投資に見合った効率アップが可能か否かを吟味します。実施となれば、望ましい数値目標との対比と差異分析などのレビューを行い、必要な措置を取ることが重要です。

戦略投資については、マクロ的に見れば、**売上増大、利益増大、で評価することになります。**しかし、前にも述べましたが、ＩＴ化と並行してさまざまな改革がなされなければなりません。業績改善の理由をＩＴ化のみで説明するのは不適当です。戦略投資の効果は、どちらかというと定性的な評価となります。情報共有の効果、意思決定に及ぼす効果、競争力向上に対する効果、事業創造効果、商品開発効果、アライアンス効果などについて、的確な言葉で評価し、投資の可否、更なる投資、投資の縮小、軌道の修正などを検討するための材料とします。

投資の性格と評価の方法を上手に組み合わせて、正しい判断に近づける努力を怠らないようにしたいものです。

情報システムの信頼性、安全性、効率性の監査

第4章で述べたシステム監査がこれに相当します。**トップはシステム監査を行わせる義務があると考えて下さい**。情報システムに関し、企画段階、開発段階、運用段階でシステム全般とか、特定テーマについて監査をさせ、改善勧告を受けて的確な措置を関係者に命ずることになります。

信頼性の監査は、システムの設計ミス、プログラムミスを未然に防ぎ、システムの品質を高めるための監査です。また障害が発生しても影響を最小限にくいとめ、迅速な回復を可能にします。

安全性の監査は、自然災害やデータの漏洩、破壊、改ざん、不正アクセス、ウイルス等からシステムを守るための監査です。トラブルが発生しても、被害を最小限にする効果があります。

効率性の監査は、システムの資源を最大限に活用するための監査です。企画、開発、運用の各段階で、費用対効果を定性的・定量的に点検評価し、システムの有効利用を促進します。

情報セキュリティの監査

情報セキュリティ監査は、コンピュータ、情報システム、組織、人、帳票類など、**すべてのIT資源を対象に、セキュリティ対策が適切に行われていることを監査**するものです。トップは情報セキュリティの重要性を認識し、十分な対策を実施することが社会的な責任となっています。

ＩＴ資産は多様な脅威に直面しています。この脅威に対し、組織的な対応、人的な対応、物理的な対応が求められています。ＩＴ資産を脅かすリスクを分析し、企業としての**情報セキュリティポリシー**（セキュリティ方針）を策定すること、またその方針を内外に周知徹底させることが重要です。セキュリティ方針に従い、ＰＤＣＡサイクルを回すことも重要です。

●ＩＴ化評価の概念図

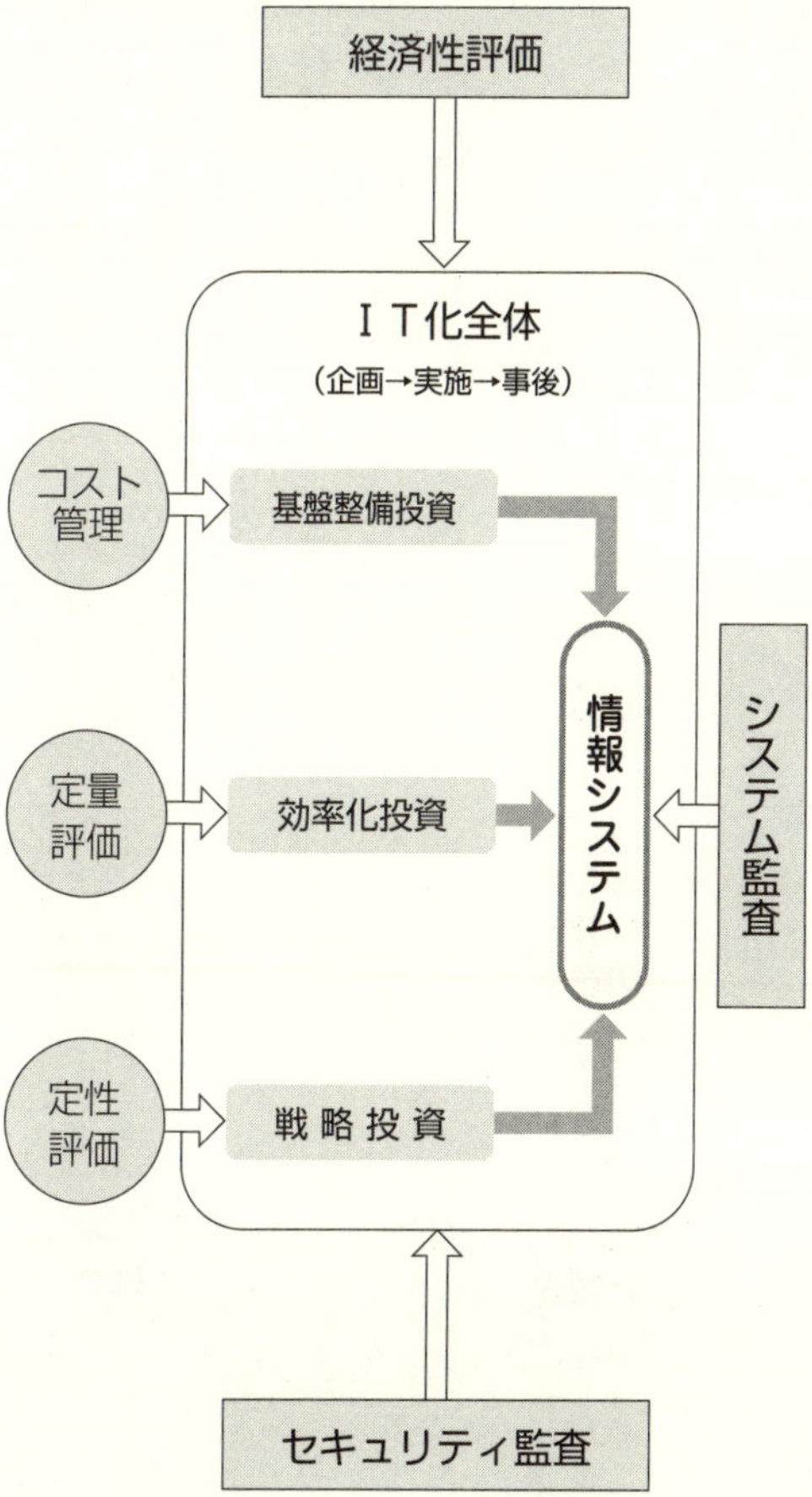

測定方法のいろいろ

投資効果の測定方法としては、ＡＢＣ（活動基準原価計算）、ＫＰＩ（重要業績指標）、ＲＯＩ（投資利益率）、ＮＰＶ（正味現在価値）、ＤＣＦ（ディスカウント・キャッシュフロー）、回収期間、ベンチマーキング、ロジックツリーなど、さまざまな手法が提起されています。最近特に注目されているのは、バランス・スコアカード（ＢＳＣ）です。ＢＳＣは企業のビジョンと戦略を業務目標や人材育成まで落とし込んでビジネスの目的を達成するための評価モデルで、ＩＴ投資評価への応用が研究されています。ＢＳＣでは、財務の視点、顧客の視点、業務プロセスの視点、人材と変革の視点から評価基準を作成し、達成を目指すものです。

ＢＳＣの４つの視点

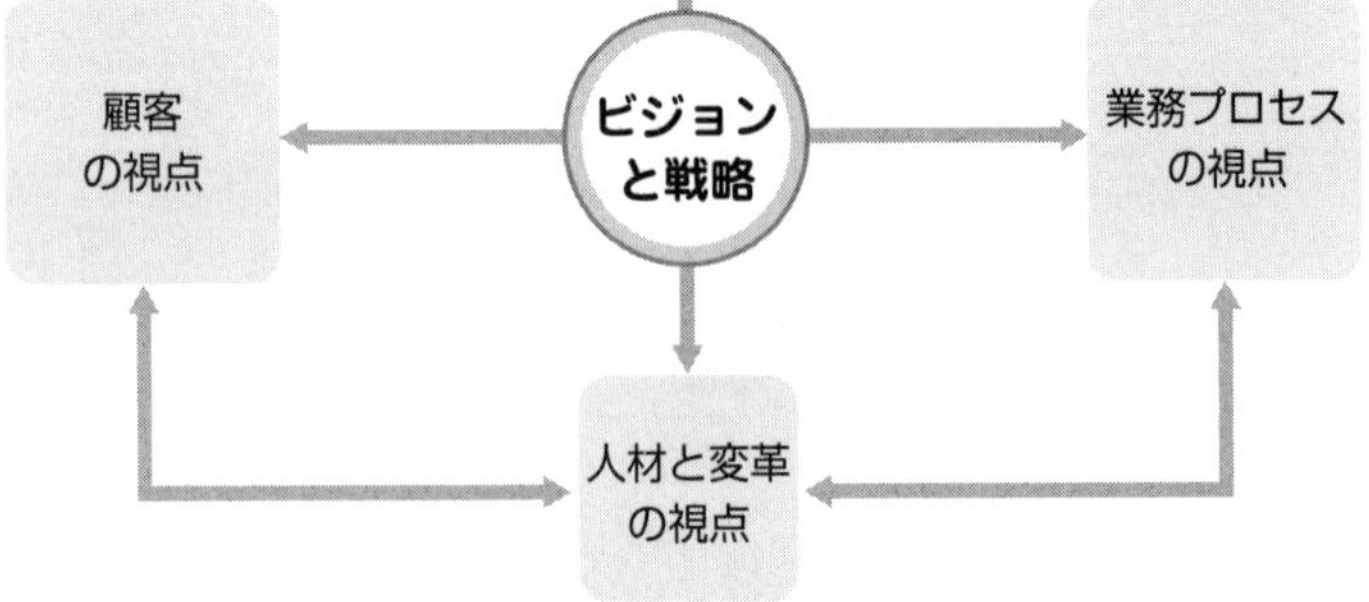

4 IT統治とは

第2章で触れましたがIT統治（ITガバナンス）については、経営トップの指導力が最も問われる事項ですので、さらに言及すべきかと思います。

昨今はコーポレートガバナンスの重要性が認識されるようになりました。ITガバナンスとは、IT化が、企業の方針に従い全社的に統治されて、整然と進められ、投資に見合った改革が達成されることです。その意味で本書の内容は、トップがIT統治を行うために必要な知識を提供するものとなっています。

統治すべきものは、経営資源であるヒト、モノ、カネ、情報、そして時間です。第2章で述べた、「IT化におけるトップの仕事」を平たく言えば、以下のようになります。

- 方針、戦略を示すこと
- 組織化し、ヒトをアサインすること
- 実行計画を作らせ、PDCAサイクルを回させること
- 使うおカネを承認すること

● 教育を行わせること
● 監査を命じ投資効果を評価すること

これらがきちっと出来ていれば、ＩＴガバナンスは概ね充たされるはずです。トップは、企業の経営資源を、定められた条件下でＩＴ化に使用してもよろしいとの承認を与るわけですから、その結果に責任が生じます。自分が認めたＩＴ化が、期待通りに進んでいるか、期待した結果に収れんするか、常に関心を払わなければなりません。常に報告をさせ、トップの関与が必要なら、措置をしなければなりません。一番いけないことは、「命じっぱなし」「任せっぱなし」です。ＩＴ化に限らず、「おまえ達が、やらして欲しいと言ったからＯＫしたのだ」「あとは良きに計らえ」では、難しい案件に積極的にチャレンジする社員はいなくなるでしょう。ＩＴ統治とは、経営資源の管理、実施状況の確認と措置、結果の評価など、ＩＴプロジェクトをコントロールする仕組みも大事ですが、**経営トップのＩＴ化に対するマインドとスタンスがなにより大事なことと考えて下さい。**

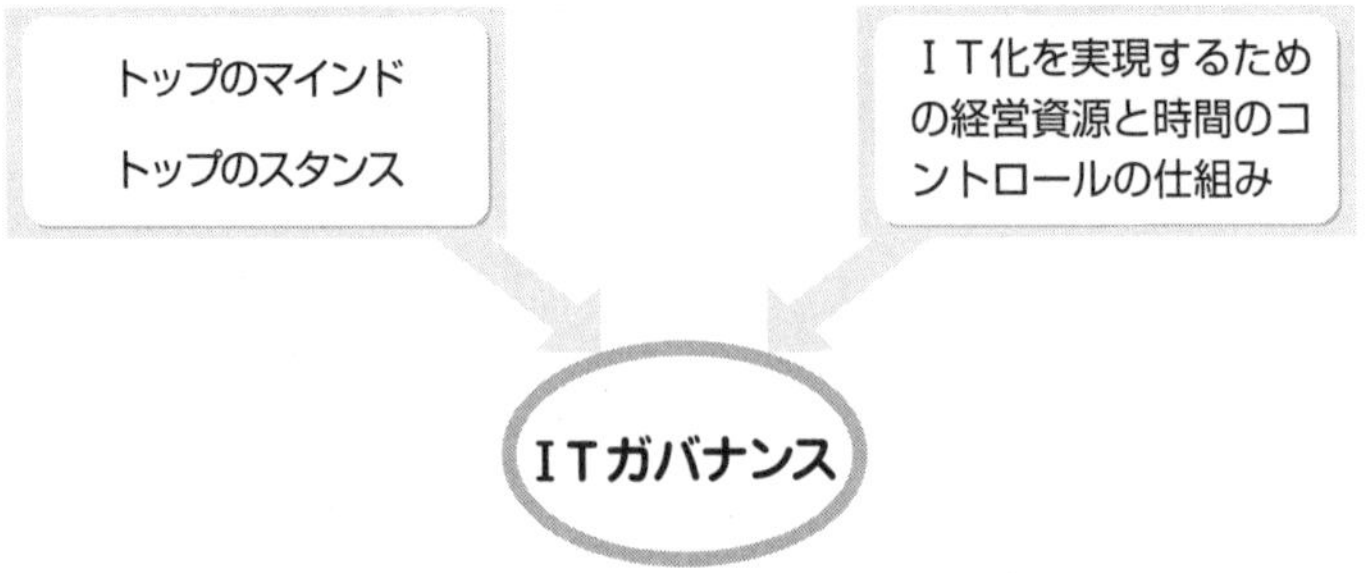

コラム 5

情報セキュリティ

自然災害や過失、故意に起因する脅威などから情報資源を守ることが極めて重要であり、つぎの三つの要件を満たすことが基本となります。

機密性　アクセス権を限定し、不正なアクセスから情報漏洩を防止する。
完全性　情報の改ざんや破壊を防止し、完全性を維持する。
可用性　システムの停止を予防し、情報がいつでも利用できる状態に保つ。

インターネットの普及で、情報資産に対する脅威は飛躍的に高まっています。経済産業省では、情報システム安全対策基準、コンピュータ不正アクセス対策基準、コンピュータウイルス対策基準、システム管理基準、システム監査基準を定めています。また情報セキュリティ監査制度を導入しています。政府は二〇〇〇年に各省庁のホームページが改ざんされた事件を契機に、ハッカー対策等の基盤整備に係わる行動基準、情報セキュリティポリシーに関するガイドラインを策定しました。国が実現を目指しているe-Ｊａｐａｎ構想でも、情報通信ネットワークの安全性と信頼性の確保が、重要課題となっています。

国際的にはシステムやソフトウェアのセキュリティ機能を評価するための標準規格としてISO／IEC15408があり、わが国でもこの基準をJIS化する方向で動いています。個々の企業では、ファイアウォール、アクセス制御、暗号化などの技術的な対応と合わせて、セキュリティポリシーに沿った組織的な対応が必要となっています。この面での国際標準規格としては、ISO／IEC17799があり、わが国でもこの基準をベースにISMS（情報セキュリティ管理システム）の制度化が進んでいます。

個人の情報が本人の知らないところで流出したり、悪用されたりする事件が相次いでいることは既に述べました。特にインターネットで個人情報が漏洩するケースが多く見られます。政府は個人情報保護法の制定に取り組み、二〇〇五年度から施行となります。個人情報保護を推進するためには、第三者機関による認証制度が重要です。日本における認証制度の一つに㈶日本情報処理開発協会（JIPDEC）が運営している「プライバシーマーク制度」があります。この制度では、JIPDECが指定した審査機関の審査に合格した企業にプライバシーマーク（左図）が付与されます。審査を受けるには、JISで定めた要求事項に準拠したコンプライアンス・プログラムを整備し、実施する必要があります。JISの要求事項は、OECD勧告の八原則、収集制限の原則、データの正確性の原則、目的明確化の原則、利用制限の原則、安全保護の原則、公開の原則、個人参加の原則、責任の原則に沿ったものとなっており、国際的な動きにも対応しています。プライバシーマーク取得企業は、二〇〇四年十月で九二七社となっています。

コンピュータソフトウェアは、著作権法で保護されており、著作権者に無断でコピーすることは禁じられています。最近ではソフトウェアでも特許が取れるようになってきています。特許所有者の許可なく、その技術を使用すると訴えられることになります。有名なワープロソフト「一太郎」が、松下電器産業の特許を侵害しているとの訴訟問題は、記憶に新しい出来事です。著作権や特許などを総称して知的財産権と言います。

現在のシステム構築は、さまざまなソフトやハードを組み合わせて行われるのが普通ですし、ソフトウェアの再利用を目的とした部品化も進んでいます。従って他人の知的財産権を侵害する可能性が著しく増加しているわけです。

一方、米国ではビジネスの方法（ビジネスモデル）が特許の対象になりうるという判例が出て、日本でも注目を集めました。特許庁の調査では、この分野の特許出願が、一九九九年に三一五〇件、二〇〇〇年には一五〇〇〇件に急増しました。電子商取引（ＥＣ）ブームの影響が大きかったと思われますが、二〇〇一年以降は沈静化しているようです。しかしＩＴを活用したニュービジネス出現の活発化に伴い、ビジネスモデル特許は、今後も重要視されるものと予想されています。

第6章

失敗しない
アウトソーシング

この章のキーフレーズ

- ■品質、納期、料金、サービスについて発注者・受注者間のトラブルが多い
- ■開発に関する事項全てについて文書化を徹底
- ■誤解を生じないような契約内容にすること
- ■要員の確保には、徹底してこだわること
- ■プロジェクトの進捗状況が目に見えるような管理の方法に知恵を
- ■見積もり・経費のチェックに時間を惜しまないこと
- ■ルール・マインド・物理的措置の三位一体で、機密保持の仕組み作り
- ■コンサルタントは、過去の実績と専門性で評価
- ■評論家型・我田引水型のコンサルタントに注意
- ■依頼目的・依頼事項・依頼範囲を明確にする

1 ＩＴサービス企業の実像

ＩＴサービス業は、二〇〇二年十月に改訂された日本標準産業分類で、主に情報サービス業ならびにインターネット付随サービス業として、情報通信業の中分類に挙げられています。情報サービス業とインターネット付随サービス業は、さらにつぎのように小分類されています。

● **受託開発ソフトウェア業**

顧客の委託によりコンピュータ・プログラムを開発する事業

● **パッケージソフトウェア業**

パッケージソフトの開発ならびに販売事業

● **情報処理サービス業**

顧客の委託による計算サービス、同データ入力サービスなどの事業

● **情報提供サービス業**

各種のデータを収集、加工、蓄積し、情報として提供する事業

● **インターネット付随サービス業**

インターネットを通じ、通信および情報サービスを行う事業

中分類には他に通信業、放送業、映像・音声・文字情報制作業（コンテンツ業）があります。従ってＩＴサービス業が、ほぼ情報通信業と見なされる場合もあります。また、コンピュータメーカも、業務をＩＴサービスにシフトする傾向が顕著です。メーカ最大手のＩＢＭ社が、パソコン事業から撤退し、ソリューション事業やソフト事業に経営努力を集中するとの方針転換は、その最たるものです。コンサルタント会社、調査会社、教育産業なども、ＩＴサービスに注力しつつあります。ＩＴがらみのビジネスが多様化、広範化していますので、ＩＴサービスへの他業種からの参入やベンチャービジネスの起業は、益々盛んになって行くでしょう。株式市場においても、二〇〇三年六月より、サービス業から情報・通信業に区分が変更されました。二〇〇四年一月時点で、二四三社が株式公開をしています。ＩＴサービスという仕事が、やっと一人前の産業として認知されるようになってきました。しかし大企業から独立した大規模なＩＴサービス企業から、自宅でホームページ作りを請け負っているようなＳＯＨＯ（スモールオフィス・ホームオフィス）まで、業界の実態は多種多様です。

売上高の六割がソフト開発販売

ＳＯＨＯまで入れたＩＴサービス企業の数は正確につかめておらず、全国で二万社とも三万社とも言われています。所管している経済産業省が、毎月、特定サービス業の一つとして実施している調査では、五千数百社について実態が把握されています。

業界の二〇〇三年の売上規模は約十四兆円、従業員数は約五七万人、内約六割がソフトウェア・エンジニアです。売上の中身は、ソフトウェアの受託開発が約五割、パケージソフトの販売が約一割、情報処理サービスが約二割、残りがシステムの運用管理、情報提供サービス、各種調査などとなっています。業界最大手のＮＴＴデータの年商は約七五〇〇億円で、二位以下を大きく引き離しています。業界の上位を見てみますと、年商一〇〇〇億円を超える企業は十五社、一〇〇〇億円以下、五〇〇億円超の企業が十七社、五〇〇億円以下、三〇〇億円超の企業が二五社、三〇〇億円以下、一〇〇億円超の企業が六四社といったところです。特定サービス業実態調査で把握された五千数百社の平均年商は約二五億円ですが、年商数億円以下の中小のＩＴサービス企業が圧倒的多数であろうと言われています。業界の年間売上高約十四兆円の七〇%を、首都圏の企業で売り上げているのが特長です。

資本系列で区分

ＩＴサービス企業を、資本系列で分けると、つぎのようになります。

- **ユーザ系**
- **メーカ系**
- **独立系**

ユーザ系とは、銀行、証券会社、保険会社、商社、製造業、卸小売業、各種サービス業などが出資している企業で、親会社のＩＴ部門から分離独立したケースが多く見受けられます。

メーカ系とは、コンピュータメーカの出資する企業です。ユーザ系やメーカ系の多くは、設立当初、親会社からのＩＴ関連業務の受託で経営が成り立っています。年月を経て、第三者からの受託やＩＴ商品の販売にシフトし、独立性の高い企業へと成長してきました。

独立系とは、ユーザ系、メーカ系のどちらにも属さない企業です。ＩＴ関連企業を退社した技術者が起業するケース、会計事務所やコンサルティング企業がＩＴサービス事業を始めるケースなどが目立ちます。

企業数が多いのは独立系ですが、企業規模が大きいのはメーカ系、次いでユーザ系です。規模のあまり大きくない独立系企業は、ニッチ分野で独自の専門性を確立することで、存在価値を見出しています。

課題が山積

さてITサービス産業は、いろいろな意味で成熟していない業種です。昔は「紙と鉛筆」今は「パソコン一台」あれば開業できると揶揄されるのも、まんざら嘘とも言えません。ソフト作りやコンテンツ作りは、設備産業というよりは、頭脳産業ですから、大きな設備投資なしで始められるビジネスです。それだけに、この業種にはさまざまな課題も多いのです。以下に主な課題を挙げてみます。これらの課題は、経営のしっかりした優良企業には当てはまりません。立派なITサービス企業は少なくないことを、おことわりしておきます。

第一の課題は、企業の乱立と過当競争です。他業種からの新規参入、ベンチャー企業の創業、海外からの参入などで企業数が毎年増加している一方、情報化白書によれば、年平均百数十社が倒産しています。

第二の課題は、貧弱な経営力です。経営者の能力不足もあり、普通の企業なら当然行っているような経営管理や組織的な営業展開、合理的な開発体制などができていない企業が多いといえます。

第三の課題は、下請け体質と低収益です。ユーザからの案件は、NTTデータをはじめ、大手ITサービス企業（ITゼネコン）が元請けとなり、中企業、小企業へと多段階的に下請けされる仕組みになっています。ゼネコンが多くの下請けを使うように、この業界も下請け企業が圧倒的に多く、末端に行けば行くほど、利益率の低い案件を受注することになります。

第四の課題は、技術力の不足と労働集約性です。組織的、系統的に社員教育を行う余力のない企業が少なくありません。特に派遣をコアビジネスとしている中小の企業は、派遣先の会社で仕事をしながら技術を習得するOJTが中心となっています。要員が技術革新に追いついて行けないのが実状です。

第五の課題は、価格算定の不透明性です。ユーザがノウハウを評価する習慣が無く、要員の時間あたり単価と作業時間で見積るのが普通です。ソフトウェアの作成に、どのレベルの技術者が、どれくらいの期間かかるかは極めてあいまいで、明確な算定基準がほとんどありません。同じ案件を、A社は一〇〇〇万円、B社は二〇〇〇万円などと見積もることは、日常茶飯事です。

第六の課題は、低い業界の評価です。今述べてきたような課題を抱えたITサービス業界は、残念ながら依然として社会的な認知度や信頼性が低いと言わざるを得ません。

2 多い発注者とのトラブル

ユーザとITサービス業者の間のトラブルは少なくありません。一番多いトラブルは、発注したシステム開発にかかわるものです。**システムの品質、納期、料金、および納入後のサービスについての、発注者と受注者間での行き違いです。**

あいまいな責任

開発したシステムが、期待した品質を充たしているか否かは、ユーザがシステムの検収を行い確認します。開発がスタートするときに、どのような検収を行うかは、発注者・受注者間で明確にし、検査仕様書としてドキュメントにしておくのが普通ですが、検収が不十分な場合、あるいは仕様書自体が不備な場合、システム納入後に障害が発見されてトラブルになります。当然ながらシステムの改修が必要になるわけですが、その費用を発注側、受注側のどちらが負担するか、大いにもめることになります。第6章でも述べましたが、そもそも完璧なシステムなど存在しないと言っても過言ではなく、システムを受け渡ししてから、不具合やミスが見つかることはあり得ます。発注者としては、開発を請け負った側の責任と考えたいでしょうが、受注者にしても無限の責任を負わされた、企業の存続も危ういことになります。

納期が守れないケースは頻繁に起きます。余裕のある納期など、システム開発では先ず考えられません。受注者は納期を守るために、ぎりぎりのところで仕事をしています。納期が守られない要因はいろいろあります。

- 設計書等のドキュメントの不備
- 開発中の要求仕様の変更
- プロジェクト管理の不手際
- 担当技術者の能力不足
- 担当技術者の退社

料金に関するトラブルの多くは、仕様変更、品質の不良、納期の遅延によるものです。契約時にきちっと取り決めているにもかかわらず、発注者、受注者間の解釈の違いによりトラブルとなります。発注者、受注者の双方の責任者の了解なしに、担当者レベル間で、安易に仕様変更やシステム修正を取り決めてしまう場合も、もめる原因になります。

派遣業務では、派遣要員が、要求した能力を備えていない場合や服務規程を守らない場合なども、もめ事になります。

納入後のアフターサービスの良し悪しもトラブルの原因になります。顧客が聞いたら噴飯ものですが、納入後に手のかからない発注者を「手離れのいいお客」などと言うこともあります。

ITサービス企業は、要員に余力がありません。あるプロジェクトを終えた技術者を、すぐつぎの新しいプロジェクトに投入しなければ、採算がとれないのです。

受注者側の技術者や関係者による発注者の機密情報の漏洩の問題も深刻です。受入派遣要員が個人情報を持ち出す事件が跡を絶ちません。外注や受入派遣によって発生する数々のトラブルに、発注者は常に注意を怠らないようにしなければなりません。

●要員投入のサイクル

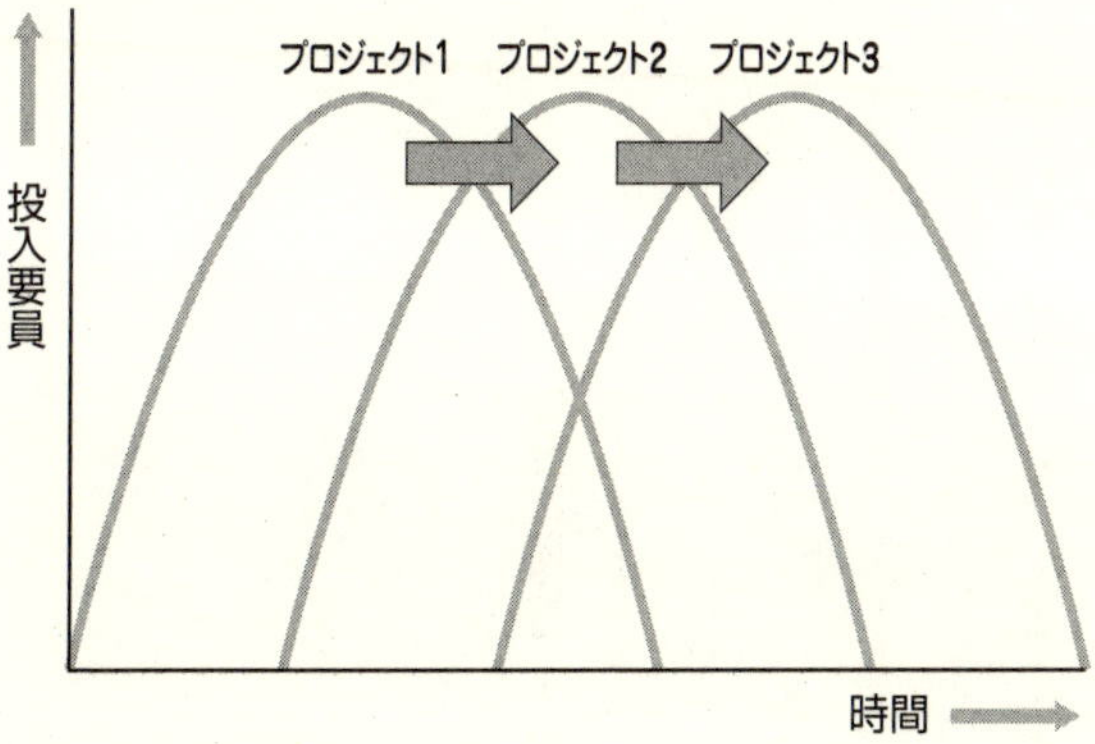

3 ここを注意しよう

ＩＴサービス企業に外注するときの注意事項を述べます。

文書化を徹底すること

要求定義、設計書、仕様書はもとより、議事録、変更連絡、通知など、**開発に関係する事項は全て、手抜きすることなく文書化**し、トラブルを未然に防ぐようにしなければなりません。

文書化にあたっては用語を統一し、解釈の違いを防ぐことが大切です。システム開発および取引のための共通フレーム（経済産業省主導でＩＴ関連団体が作成）の利用も有効です。共通フレームは、ソフトウェアを中心としたシステム開発および取引の明確化を目的としています。ソフトウェア開発や取引におけるトラブルは、言葉や作業標準の違いに起因するものが少なくありません。例えば、システム企画、システム化計画、システム分析など、企業によって似て非なる工程名称を使っています。

ＩＴサービス企業とユーザ間、経営者と技術者間などで、意図したものが大きくかけ離れてしまうことも多いのです。共通フレームでは、工程の名称や作業内容を統一し、関係者間が共通の認識を持てるようにしています。

共通フレームは、ＳＬＣＰ（ソフトウエア　ライフサイクル　プロセス）国際標準規格に準拠し策定されており、国際的な取引にも適用し易くなっています。ＲＦＰ（提案依頼書）作成のための要件の明確化にも有用です。

共通フレームでは、システム開発作業をプロセス、アクティビティ、タスクの三階層で以下のように定義しています。

●**プロセス**

システム開発作業を役割の観点でまとめたもの。入力から出力へ変換させるもの（企画、開発、運用、保守など）の他、状態を変化させるもの（構成管理、文書管理など）、生産物や作業の評価（共通レビュー、検証、監査）などが含まれる。

―**企画プロセス**

コンピュータシステムが関与する情報戦略、情報システム構想、システム計画の立案などを行うアクティビティからなる。

―開発プロセス

ソフトウェアを中心としたシステムの開発を行う組織のアクティビティからなる。

―運用プロセス

利用者の実環境でコンピュータシステムを運用する組織のアクティビティからなる。

―保守プロセス

ソフトウェアを中心としたシステムの現状を、業務ならびに環境に適合するように維持・変更・管理する組織のアクティビティからなる。

●アクティビティ

相関の強いタスクをまとめたタスクの集合で、プロセスの構成要素をいう。例えば開発プロセスでは、システムやソフトウェアの開発対象に対する要求定義、方式設計というように、作業目的ごとのプロセス内の作業を分割したもの。

●タスク

アクティビティを構成する要素。例えば開発プロセス中のシステム方式設計では、「システムアーキテクチャ（ハードウェア構成品目、ソフトウェア構成品目および手作業からなるシステム要求で構成）が確定されること」「システムアーキテクチャとシステム要求で定められた評価基準に従って評価されること」というように、アクティビティを具体的に遂行または支援しなければならない個々の作業をいう。

誤解を生じない契約内容にすること

ＩＴサービス企業とユーザとの契約には、委託契約、請負契約、派遣契約、売買契約、リース契約、保守契約などがあります。

ＩＴニーズの調査・分析や要求定義など上流工程は委託契約、システム開発段階では請負契約が一般的です。以下のような事項を明確にしておく必要があります。

- 業務の範囲
- 双方の責任範囲
- 開発体制と報告義務
- 開発期限
- 作業場所

●検収と納入物件（ドキュメントを含む）
●料金と支払方法
●損害賠償
●瑕疵と補修
●機密保持、資料返還
●成果物の権利
●契約変更、契約解除
●協議事項

要員確保にこだわること

ＩＴサービス業者側のプロジェクトリーダに人を得ることが、案件の成否を左右します。類似業種、類似業務に関する開発要員の経験の有無も確認すべき項目です。第4章で述べたように、システム開発は担当技術者の裁量範囲が広く、優れた技術者とそうでない人とでは、プロとアマほどの差があります。優秀な人は、短期間に立派なソフトを作ることができますし、そうでない人は使った時間の割りに貧弱なソフトしか作ることができません。

Ａランクの技術者の単価を一時間一万円、Ｂランクの技術者の単価を一時間八千円と仮定します。同じソフトを、Ａランクの人は一〇〇時間、Ｂランクの人は一五〇時間かかるとします。Ａランクの人が担当すれば一〇〇万円、Ｂランクの人が担当すれば一二〇万円かかる計算になります。単価の低い技術者が担当すれば、安くすむと思ったら大間違いなのです。

実際には、優秀な技術者がゴロゴロしているはずはありません。ＩＴサービス企業はさまざまなランクの技術者からなる開発チームを編成し、開発に取り組むことになります。少なくともプロジェクトリーダと彼を補佐するキーマンには、よい人をアサインしてもらうべく、最大限の努力をしなければなりません。発注側には、その権利があるはずです。

なお付け加えるなら、要員の退社や途中交代により、後任との引継の不備、開発中断などが起こるケースが少なくありません。ＩＴサービス業は、人的流動性がかなり高い業種です。万が一プロジェクトリーダが途中で交代するような事態になると、先行きは暗いと言わざるを得ません。

要員の確保には徹底してこだわるべきです。

目に見える進捗管理を行うこと

進捗管理には工夫が必要です。基本的には、ユーザ側のプロジェクトマネジャとＩＴサービス企業側のプロジェクトリーダとの密接な連携に委ねることになります。

密接な連携の中身としては、

- 定期的な進捗確認ミーティング
- 月報、週報などによる問題点の確認と処置
- サブリーダ（サブシステムの開発リーダ）のヒアリング
- 中間デモによるチェック
- 作業場での作業状況の頻繁な視察

などが欠かせません。

注意しなければならないのは、月報や週報が形骸化し、形だけの報告制度になり易いことです。定められたフォームに「特に問題なし」と書かれていても、蓋を開けると問題だらけと言うことが大いにあります。定型フォームできちっと報告させる習慣は必要ですが、問題発生の懸念があれば、即メールや口頭で報告を受け、処置を施さなければなりません。**プロジェクトの進捗具合の真の姿が見えるような管理の方法に知恵を出し合うことが重要です。**見える進捗管理を行うにはシステムを細分化したサブシステムごと、作業単位ごと、また担当者個人ごとにきめ細かく実施するのが有効です。

進捗状況を可視化するためには、作業単位ごとのチャート図および課題に対する処置、プロジェクトリーダーの指示事項などを記録する仕組み作りが欠かせません。

見積もりチェックと経費の管理に時間を惜しまないこと

第一節でも触れましたが、システム開発、ソフト開発にかかわる価格算定は、極めて不透明なものと理解して下さい。例えば自家用車を購入する場合、装備や性能のよい車は高く、それほどでもない車は安い、という価値判断ができます。システム開発においては、「高額を投じたシステムはよいシステム」とは言い切れません。発注先選定に当たっては、複数社から見積もりを取るのは当然ですが、金額だけで判定できない面があることに留意して下さい。

ソフト開発の価格は、見積原価に販売費・一般管理費（プロジェクト管理費）および目標利益を加えて算定するのが一般的です。**コスト・プラス方式**と呼ばれる方法で、目標利益は売上利益率から計算することが多いのです。見積原価は、技術者のランク別単価に所要工数を乗じて算定するのが普通です。

走り出したプロジェクトは、作業に要した工数で管理されますが、しかし工数の報告は、技術者の自己申告に基づくので、報告が妥当かどうか、判断できにくいのが実態です。要した工数が信用できないとしたら、この数字に技術者の単価を乗じて算出した経費をう呑みにはできません。工数の報告に対しては、きちっとヒアリングを行うなど、経費管理に十分な時間をかけるべきでしょう。

契約価格 ＝ 見積原価 ＋ プロジェクト管理費 ＋ 目標利益

（ファンクション）	単純	平均	複雑
①外部インプット	3	4	6
②外部アウトプット	4	5	7
③論理的内部ファイル	7	10	15
④外部インターフェイス	5	7	10
⑤外部インクワイアリ	3	4	6

工数に基づく方式は、仕事の質、開発ソフトの利用価値とほとんど関係なく、労働集約的な仕事の価格決定とあまり変わりません。

目標原価を算定する方法が提案されており、アナログモデル、アルゴリズムモデル、ファンクション・ポイント法などがあります。中でも注目されているのはファンクション・ポイント法（ＦＰ法）です。見積もりのチェックにも有効な方法かと思います。

ＦＰ法は、上の表の五つの機能（ファンクション）がシステムにいくつあるかを基礎にしてシステムの規模を見積もる方法です。ＦＰ法の目的は、利用される特定の技術やアプローチに関係なく、ユーザに引き渡される機能について、相対的な尺度を求めることにあります。

各係数の数値は、ウエイトを表し、単純、平均、複雑に区分されています。システムの中のファンクション数にウエイトを乗じて総ポイント数を出し、一ポイント当たりの単価から価格を算出します。

機密が保持される仕組みを作ること

外注先の開発担当者は、発注者が保有する機密情報を取り扱う機会が少なくありません。

- 競合会社へのシステム内容や技術情報の漏洩
- 発注者の企業情報の漏洩
- 顧客に関する情報の漏洩
- 個人情報の漏洩

などを防ぐ仕組みを作ることが極めて重要です。機密保持に関する基本方針や要員の服務規程などのルールで縛ることが先ず第一です。ルールが遵守されるようPDCAサイクルを常に回すことも不可欠です。いくら厳重にしても、ルールを守らない人間が存在するところに問題があります。いわば人の心の問題と言えるでしょう。従って、開発要員の厳選、情報取扱いに関する教育、ドキュメントやマニュアル類の保管管理責任者の任命などを徹底しなければなりません。またプロジェクトリーダは、パソコンや電子媒体に記憶された情報の外部流出防止に責任を持って取り組まなければなりません。**ルール、マインド、物理的措置の三位一体で確実に機密が保持されるように努めて下さい。**

発覚時期	社　　名	流出規模（最大）
2003年　6月	ローソン	56万人
2003年　12月	東部鉄道	13万人
2004年　1月	三洋信販	200万人
2004年　2月	ソフトバンク	451万人
2004年　3月	アッカネットワーク	140万人
2004年　3月	ジャパネットたかた	66万人
2004年　4月	コスモ石油	220万人
2004年　8月	日能研	23万人
2004年　8月	ＤＣカード	47万人
2004年　9月	ＵＣカード	571万人

（日本経済新聞記事より抜粋）

二〇〇三年から二〇〇四年に発覚し、新聞で報道された顧客情報・個人情報の漏洩事件の一部を参考までに載せておきます。

システムの運用委託先の社員による情報流出やパソコン持ち去りによる事件が多く見られます。これまでの裁判結果などから、一人あたり一五〇〇円とか二〇〇〇円の賠償額の試算もあり、社会的な信用の失墜に加え、高額な賠償責任が発生することにもなります。

4 コンサルタントとの付き合い方

経営コンサルタント、ITコンサルタント、ITコーディネータなどの専門家に相談する上で幾つかの注意点を指摘しておきます。

何でもOKのコンサルタントはいない

「何でもお任せ下さい」と言うようなコンサルタントに出会ったら要注意です。ほとんどのコンサルタントは、企業内での経験の上に、さらにノウハウを積み上げて自分の専門分野としています。例えば筆者が認定を受けた全日本能率連盟では、マネジメント・コンサルタントの得意分野を十四に区分しています。

- 経営戦略・組織改革
- 新規事業開発
- マーケティング・営業・流通

- 研究開発・技術
- プロダクション（設計～購買～生産～物流）
- 業務改善
- 経営財務
- 情報通信（ＩＴ）
- 環境
- 人的資源管理
- ＶＥ
- リスクマネジメント
- その他

多くのコンサルタントは、主専門が組織改革で副専門が人的資源管理と言うように、二本柱（Ｔ字）で仕事をしています。三つも四つも得意な専門を持っている人もまれに存在します。自分の手に負えない病人には、速やかに専門医を紹介する医者が信用されますが、守備範囲外の仕事は自分で抱え込まず、豊富な人脈を駆使して的確に対応してくれるのが優秀なコンサルタントです。**コンサルタントの人選に当たっては、過去の実績をよく見極め、期待する分野での専門性を評価する必要があります。**

手法の押しつけに注意を

コンサルタントは自分の得意とする手法を保持しているものです。特に外資を中心とするメジャーなコンサルティング・ファームは、クライアントの仕事を遂行する過程で得られたノウハウを、企業として体系化し、汎用の手法を確立しています。クライアントの問題解決に当たっては、その都度ゼロから思考することなく、汎用化された手法を動員して、効率的に処理しようとします。お相撲さんは、立ち上がりに、自分の得意な体勢に持ち込もうと必死になりますが、**クライアントの課題を歪曲し、自分の得意な手法に強引に誘導しようとするコンサルタントは意外に多いのです。**我田引水型のコンサルタントには、くれぐれも注意して下さい。

コンサルタントには資格がない

自社が解決をして欲しい課題解決にマッチしたコンサルタントに巡り会うのは、なかなか難しいことです。経営コンサルタントには定められた資格はありません。会計士、税理士、中小企業診断士、社会保険労務士、技術士などのいわゆる士業の方々が、経営コンサルタント業務に参入するケースが多く見られます。全日本能率連盟、社会経済生産性本部、日本能率協会、日本経営士会などが、経営コンサルタントの認定を行って固有の呼称を与えています。監査法人やシンクタンクなどのスタッフが経営コンサルティングを行っている場合も少なくありません。

ＩＴコンサルタントも資格はありません。ＩＴコーディネータ、システム監査人、システムアナリスト、ＩＴベンダーの現役ＳＥやＯＢなどがＩＴ関連のコンサルティングを行っています。

経営コンサルタントにしてもＩＴコンサルタントにしても、資格や保有する呼称にこだわるよりは、自社の抱える課題に対し、どのような対応をしてくれるのか、十分に面談を行い確認することが肝心です。

評論家はいらない

評論家型のコンサルタントは意外に多いものです。**問題点を抽出し、一般論的な解決方法を提示するだけのコンサルタントでは役に立ちません。**コンサルタントは企業経営の医者です。企業の課題を見つけだし、それを解決するための具体的な処方せんを示してもらう必要があります。

特にＩＴコンサルタントの場合は、守りのＩＴ活用から、攻めのＩＴ活用へ、幅広い業務改革に対して具体的なシステム作りに協力してもらわなければなりません。システムを作るということは、抽象論や一般論ではどうにもならないのです。実務経験の豊富な、しかも創造力のあるコンサルタントを得るよう最大限の努力が必要です。

依頼事項を明確に

筆者がコンサルタントを始めた頃の失敗談を披露します。

ある中規模のＩＴベンダーから、コンサルティングを依頼された時のケースです。この会社を創業した社長さんからは、

「うちは経営管理の体制ができていないので、きちっと出来るようにして下さい」

との依頼でした。先ずは実状把握をしたく、社内のヒアリングと調査を申し出ましたが、

「社内の事は私が全て知っていますから、何でも聞いて下さい。ヒアリングは必要ないでしょう」

との社長さんの言葉でした。結局、社長に遠慮しつつ、数人の幹部に話を聞き、また社長とも話をした上で、経営管理の改革案を提示しました。ほとんどの幹部は、経営コンサルタントの参入など不要と考えているようでした。筆者の提示した改革案を社長に説明したところ、すべての改革事項に対し出来ない理由を並べて反論されてしまいました。この改革案はそのまま棚上げとなり、コンサルティング契約は終了となりました。

後から考えると、社長さんが「自分のやりたいこと」をコンサルタントの口から言わせようとしたように思います。改革案が「社長の考え」と食い違っていたために、受け入れられなかったのです。社長がコンサルタントに期待したことは、「コンサルティング」ではなく、第三者であ

る「外部メッセンジャー」だったのです。筆者がまともにコンサルティング作業を始めてしまったため、社長としては中断させるわけにも行かず、自分の意見を押しつけるわけにも行かず、このような顛末になったと思われます。

コンサルタントに対しては、**依頼する目的、依頼事項、仕事の範囲、期待している事柄を明確に伝えなければなりません。**委託者であるクライアントと受託者であるコンサルタントの関係が、ズルズルとあいまいなまま進むのは、お互いに不幸です。またコンサルタントを依頼したことを全社に知らせ、協力するように命じることも重要です。コンサルタントは社内のスタッフの理解と協力がなければ、地に着いた仕事ができず、机上の空論を重ねることになります。

ＩＴコンサルタントの場合は、

- トップの啓蒙係
- 社外ＣＩＯの役割
- 上流工程のコンサルティング
- システム開発に関わるコンサルティング
- 運用も含めたトータルなコンサルティング
- 社員の情報リテラシー教育
- インターネット活用に関するコンサルティング

●セキュリティに関するコンサルティング

など、さまざまな関与の仕方があります。自社の弱点を補完してもらえるような適任者を是非探し出してもらいたいものです。

Column 6

ＩＴサービス業今昔

計算センターの出現

わが国のＩＴサービス業の歴史をひもとくのは、一九五五年（昭和三十年）からで十分でしょう。この年、日興証券㈱、野村証券㈱が相次いで真空管式の計算せん孔機を米国から導入しました。前者はＵＮＩＶＡＣ６０、後者はＵＮＩＶＡＣ１２０で、それまでのせん孔機より電子計算機らしいものでした。神武景気が始まったのもこの頃で、わが国の産業界は設備投資、技術開発への意欲が高まり、経営の近代化にも目覚め始めます。商用ベースの計算センター第一号は、有隣電機精機㈱の富士電算機計算所と認識されています。同社は一九五六年（昭和三一年）に現在の富士通㈱の特約店として、ＦＡＣＯＭ１２８Ａリレー式計算機による受託計算業務を始めました。ショールーム的な計算センターとしては、一九五八年（昭和三三年）に日本ＩＢＭ㈱データセンター、富士通計算センター㈱が産声をあげています。この年、本格的な独立採算の計算センターとして設立されたのが、伊藤忠電子計算サービス㈱です。当時伊藤忠商事㈱は米国ＢＥＮＤＩＸ社のＧ―１５コンピュータの輸入販売を始めていました。この機械は航空写真測量の座標変換計算に定評があり、伊藤忠商事㈱は国際航業㈱の資本参加を得て伊藤忠電子計算サービス㈱を設立し、Ｇ―１５による計算センター事業に進出しました。当時の計算センターは、保有コンピュータのマシンタイムを有償で提供し収益をあげる事業で、プログラム開発は付随サービスでした。

一九五八年から一九六二年（昭和三七年）にかけて、ほぼ全メーカが計算センターをつぎつぎに開設しました。㈳日本電子工業振興協会（現在の電子情報技術産業協会）は一九五八年に、国産のコンピュータを一同に集め、電子計算機センターを開設、国産機のPRを開始しました。当時は、メーカの内部要請で出発した計算センターが主流で、独立運営しているセンターは少なく、「計算に料金を払う」という商習慣はまだ馴染んでいませんでした。

ソフトハウスの登場

計算を収入源とする計算センターが徐々に社会に受け入れられる中で、ソフトウェアの開発で料金を得るというソフト専業企業の設立は遅れました。一九六四年（昭和三九年）、IBM社は画期的なコンピュータ360シリーズを発表しましたが、通商産業省（現経済産業省）は一九六六年（昭和四一年）に国産の超大型コンピュータの開発に着手し、そのOS（オペレーティングシステム）開発を担当する国策会社日本ソフトウェアを設立しました。これに前後し計算センターやソフトウェア会社がつぎつぎと設立されます。

ソフトウェアの重要性が徐々に認識され始めていましたが、ソフトで対価を得るのは各社とも苦労していました。ソフトはハードのおまけという社会通念はなかなか拭えず、当時の

ITサービス企業の売り上げは、一社当たり平均たかだか数億円程度でした。

一九七〇年IBM社はハードとソフトを分離して販売するアンバンドリング政策を導入、これが追い風となり、ソフトウェアのビジネスが着実に離陸していきます。計算センターも一九七一年から三次にわたる通信回線開放により、企業間ネットワーク化やVAN（付加価値通信網）事業に参入、成長路線に突入します。一九七九年には業界規模が五〇〇〇億円に達するなど、一九七〇年から一九八〇年にかけては業界の成長期であったと言えるでしょう。

NTTの参入

業界の売り上げは、一九八三年に一兆円、一九九〇年に五兆円を超えます。この時期はVLSIを搭載した第四世代のコンピュータを追撃するように、マイコン、オフコンそしてパソコンとコンピュータが小型化、高性能化していきます。OAブーム、SISブームなど情報化が広く社会全般に認知され、企業も情報武装に本気で取り組むようになります。メーカーやユーザからの、情報サービス分野への新規参入は一段と活発化、一九八八年にはNTTのデータ通信本部が別会社として独立します。現在のNTTデータがそれで、今やわが国のITサービス業界で絶大な力を持つに至っています。

先発のITサービス企業が確実に成長していく一方、地方にも中小のセンターやソフトハウスが急増します。特にソフトハウスは、ユーザ企業への派遣という身軽な経営体質で、存在価値を高めていきます。一九八五年には労働者派遣法が成立し、当業界も元請け型の大企業、下請け型・派遣型の中小企業と、業界の階層構造化が進みます。

株式公開ブーム

一九八九年頃から情報サービス企業の株式公開が活発化します。一九八二年には先陣を切ってCSKが東証二部上場を果たしますが、他の大手ITサービス企業も市場からの資金調達、知名度・信用度アップを目指し、積極的に株式公開に踏み切ります。

一九九〇年代に入ると、ユーザのシステム構築に関わる業務を、設計から開発まで、さらには機器選定まで一括請け負う企業、すなわちシステムインテグレータが業界をリードするようになります。高度な情報技術、専門的な業務知識、優れた開発技術と管理技術を具備するITサービス企業が争って上場することで、この業種が社会的にも認知され、優秀な人材も集まるようになってきました。

インターネットがわが国で商用に使われだしたのは、一九九五年頃からです。ITサービス企業各社にとってインターネットの普及、EC市場の拡大は、新たなビジネスチャンスです。インターネットデータセンター(IDC)、アプリケーションサービス・プロバイダー(ASP)、eマーケットプレイスの運営などの新事業に積極的に進出しています。またセキュリティ事業、認証事業なども有望なビジネスです。ブロードバンド時代、ユビキタス時代を迎え、ITサービス業は、インターネット関連事業を含めて、激烈な競争時代に突入しています。

黎明期の営利計算センター

計算センター	設立時期	場所	保有機種
有隣電気精機	1956.11	東京都千代田区	FACOM
伊藤忠電子計算サービス	1958.11	中央区	BENDIX
日本建設コンサルタント	1959.2	港区	FACOM
日本ビジネスコンサルタント	1959.6	港区	HITAC
日本ＩＢＭ東京ＳＢ	1959.10	千代田区	IBM
ユニバック・センター	1960.4	港区	USSC
日本計算センター	1960.7	港区	IBM
中央計算センター	1961.6	新宿区	IBM
富士通電算センター	1961.9	港区	FACOM
横浜計算センター	1961.12	横浜市鶴見区	IBM
第一計算コンサルタント	1962.1	横浜市中区	IBM
日立計算センター	1962.4	横浜市戸塚区	HITAC
広島計算センター	1962.4	広島市中区	RR
三菱電子計算機東京センター	1962.4	東京都港区	MELCOM
沖電気計算センター	1962.4	港区	OKITAC
ＯＢＭ計算センター	1962.4	港区	OKITAC
日本事務器計算センター	1962.4	千代田区	NEAC
日本ビジネスオートメーション	1962.8	港区	NEAC
東芝計算センター	1962.9	川崎市幸区	TOSBAC
札幌計算センター	1962.9	札幌市	RR

（日本電子計算機㈱資料より作成）

第7章

業務改革がＩＴ化の前提

この章のキーフレーズ

- ■ＩＴ化計画を経営計画の中で、きちっと明示すること
- ■ＩＴ活用の成果は、企業の業務改革の度合いに比例
- ■社員の改革意識が高まれば、ＩＴ化は必ず進む
- ■企業の革新力は、構成員である社員の高い意識に基づく
- ■自己実現のチャンスを提供する
- ■ＩＴ化の目的・方向性に対する認識の共有
- ■社員に議論の場の提供を
- ■社員の提言の汲み上げ
- ■情報リテラシー教育の徹底
- ■客観的な事実確認に基づく意思決定の姿勢

1 企業戦略とIT化

環境変化の激しい時代に、経営計画など意味がないという意見が結構あります。実際に経営計画を作らない大企業もあるようです。なるほどせっかく労力をかけて策定した経営計画が、内外の大きな変動の影響により、現状から大きく乖離してしまったら、すべては絵に描いた餅となってしまいます。経営計画不要論にも一理あるという訳です。

筆者はこの不要論を否定する側です。企業を取り巻く環境の変化が激しく、不透明であるからこそ、乱気流のまっただ中を飛ぶ航空機のように、目的地をしっかり見据えて進まなければならないと考えます。

計画策定の手順

一般的に企業には**経営理念**や企業理念があります。経営理念を具現するため、企業の**長期ビジョン**を明確にし、さらには中長期の経営計画を策定します。**中長期経営計画**を踏まえて**単年度経営計画**と年度予算が作られます。これら一連の計画は、企業の目指す目的地を社員が共通に認識し、一致団結してチャレンジするための道しるべとなるものです。

環境変化にビビットに対応するためには、長期、中期の計画はあまり詳しくない方がよいのです。こと細かな計画は、硬直化しやすく、かえって企業行動を縛りかねない代物となります。少し極端かも知れませんが、「取扱商品の販売高を、三年以内に業界第一位にする」だけでも、長期ビジョンとしては成り立ちます。しかし実際には、そのためにどのような戦略をとるか、持てる経営資源をどのように配分するかなど、一連の各論が付随するのが普通です。簡潔なビジョンや計画は、必要なら弾力的に改定することができます。「企業は環境適応業」だと言った人がいますが、マンモスのように絶滅しないためにも、環境適応型の経営計画が望ましいのです。中長期の経営計画を毎年見直し改定するローリンプランという考え方は妥当なものと言えるでしょう。一方単年度の計画や予算は、相応に詳しいものとなります。企業の業績は年度ごとに評価されますし、企業内部の部門評価や個人評価も年度ごとにレビューされます。あまり大まかな計画では評価のしようがありません。

経営理念　→　長期ビジョン　→　中長期経営計画　→　単年度経営計画

単年度計画は部門別、地域別、機能別、商品別などにブレークダウンされなければなりません。参考のために単年度計画の策定と実行に関する手順を以下に示します。

●前年度の計画と実績の差異の分析
●外部経営環境の分析（ライバル会社の企業力把握や戦略分析を含む）
●内部経営環境の分析（社内の強み、弱み、問題点の把握を含む）
●年度経営方針ならびに経営目標の策定
●業務計画の策定
●年度予算の策定
●単年度経営計画のとりまとめ
●全社への発表と徹底
●月次レビュー、半期レビュー、通期レビュー

業務計画では、会社として取り組むべき業務改革計画、各部門で取り組むべき業務実施計画を策定します。経営資源の調達や最適配分が重要な課題になります。

●設備計画、投資計画
●生産計画、販売計画
●研究開発計画

●組織計画、要員計画
●アライアンス計画
●情報化計画
●財務計画
●CSR（企業の社会的責任）遂行計画

年度予算では、全社および部門ごとの売上高と原価、販売費、一般管理費、営業外収支などの予算や損益計画を策定します。

●目標損益計算書
●目標貸借対照表
●資金繰り計画表

IT化計画の位置づけ

計画策定の具体的な進め方は他書にゆずりますが、中小企業における実態について触れてみたいと思います。先ず筆者の関係している企業で「経営計画は俺の頭の中にあるから、何の問題もないよ」と豪語する社長さんが結構います。経営計画作りを支援するため、社内幹部のヒアリングを申し入れても、「何でも私に聞いてくれ」と拒まれるありさまです。経営計画はトップから現場の社員やパート社員まで、共通の目標に向かって頑張るための指針です。全社員が理解し、納得し、チャレンジするためには、経営計画の内容を言葉や文字にし発表する必要があります。トップは機会がある度に、社員に対し計画の中身や精神を訴えなければなりません。社員を「行き先不明の漂流船」に乗っているような気持ちにさせないためにも、計画をきちっと言葉にして開示することが大事です。

各部門が作った計画書を、ただ単に集めて綴じているだけの計画書にも、お目にかかることがあります。会社としての戦略や方向性が不明確で、すべて現場任せの丸投げ型計画書と言わざるを得ません。また社内の企画部門が、現場の事態を十分に把握しないまま作った机上空論型計画書も多いようです。これらの計画書は、大体が机の引き出しの中で埃を被る運命です。社員が存在すら知らないような計画書を作っても、何の役にも立たないことは明らかです。魂の入った経営計画を策定するためには、役員やミドルや現場を巻き込み、トップ主導で進めなければなりません。計画が決定したら、全社員がその計画を常に目にし、意識するよう最大限の工夫をして戴きたいものです。

単年度の計画は、組織や個人の業績評価と連動するものです。**目標管理制度**を導入した企業では、最上流に会社の目標があり、中流に組織の目標があり、最下流が個人の目標となります。昨今は**成果主義**を取り入れる企業が増えています。設定する目標の難易度判定の曖昧さ、成果評価の不合理性、運用の恣意性など、制度の欠陥が顕在化していますが、年功序列から成果主義への移行は時代の趨勢です。各企業が知恵を絞り、独自の成果主義を見出すことが肝要です。

さて本節で特に強調したいのは、**情報化計画、ＩＴ化計画を経営計画の中で、きちっと明示**して戴きたいということです。自分の会社が目指しているＩＴ化の方向や内容を、企業で最も権威のある経営計画で明確にすることで、ＩＴ化の位置づけが高まりスムーズな推進が期待できるのです。企業のビジョンや経営計画で示めされたビジネス戦略を大前提に、企業目標の達成を支援するための情報化計画が策定されることが極めて重要です。

2 業務改善より業務改革を

ＩＴを活用して日常業務の処理方法を改善することを、否定するものではありません。わが国では、品質管理手法であるＱＣが、全社的品質管理（ＴＱＣ）のための小集団活動としてしっかり根づき、大きな成果をあげてきました。担当者が身近なところから業務改善することは大切なことです。

しかし現在のやり方に何の疑問も持たず、ただありのままにＩＴ化を進めるのは止めなければなりません。例えば伝票一つとっても、その入力、出力、捺印、枚数、送り先、保管などについて、現状を変更せずにＩＴの利用を進めても、抜本的な変化は望めません。その伝票は本当に必要なのか、入出力の担当は現状でよいのか、捺印が何故必要か、などギリギリまで検討することが大変重要なのです。徹底的に削れるものは削り、可能な単純化を見極めた上でＩＴ活用に移るべきです。ＩＴ化を機に業務処理を如何にシンプルにするかを考えて下さい。

業務改革がIT化成功の決め手

さてIT化が目指すところは、「改善から改革へ」が趨勢となっています。ITが普通の道具に比べて、さまざまな利用可能性を持っているが故に、期待するところが大きいのです。**IT活用に期待する成果は、その基盤となる企業の業務改革の度合いに比例**します。業務改革とIT活用が車の両輪のように連動して、素晴らしい成果がおさめられるのです。

筆者は業務改革をつぎのように大まかな項目に区分しています。当然ながら、項目間の相互作用やシナジー効果は存在しています。

- **風土改革**
- **マネジメント改革**
- **組織改革**
- **人事改革**
- **事業改革**
- **プロセス改革**
- **財務改革**

ＩＴ化成功の基盤としては、先ず**企業風土の改革**をあげなければなりません。トップがマンネリ化した日常業務の処理にのみ没頭している企業が意外に多いのです。その様な企業は、事務所に入っただけでほぼ分かります。オフィス全体に漂う活気の無さ、無秩序なレイアウト、社員の緩慢な対応や仕事ぶり、備品・書籍・ファイル類の乱雑さ、無造作な張り紙等から、沈殿した空気が伝わってきます。十年一日のごとく、ただ同じことをやっている企業、進取の機運や熱気のない企業が発展するはずはありません。「現状維持は即脱落」「企業とは倒産に向かうもの」「企業の寿命は三十年」など昔から厳しい戒めの言葉があります。常にチャレンジする企業風土、環境変化に敏感に順応していく活力ある企業風土に変えていく必要があります。その発火点はトップや経営陣の、常日頃の言動です。**経営者としての夢を語り、企業のビジョンを語り、望ましい企業風土作りへの情熱を語り、社員に対する期待を語り続けること、また、語ったとおりに行動すること、そのことが素晴らしい企業への脱皮の第一歩です。**社員の意識は企業風土で醸成されるものです。**改革に対し社員の意識が高まれば、ＩＴ化は必ず進みます。**

マネジメントの改革は中小企業の永遠の課題かと思います。特に創業者社長の場合、「ルールブックは俺だ」式の経営スタイルが多く見られます。Ｋ（経験）、Ｋ（勘）、Ｄ（度胸）に頼り、行き当たりばったりの成り行き経営が横行します。社員も個人プレイに慣れていて、場当たり的な対応を当然と思っています。それで成功しているうちはよいのですが、変化の激しい今日、マネジメントのしっかりした企業に勝てるとはとても思えません。マネジメント改革の中心的な項目は、個人プレイから組織的プレイへの転換、責任と権限の明確化、PLAN、DO、CHECK、ACTIONのマネジメントサイクルの実行、計画的な採用と教育、管理会計の導入などです。

組織の改革では、自然発生的にできあがた組織や思いつきで発足した組織を、企業目的や業務内容に照らして見直す必要があります。シンプルで無駄のない組織構成にすると同時に、各組織単位の業務分担ならびに権限を定めます。組織改革で必ず問題になるのは、組織単位の切り方です。機能別、商品別、地域別、顧客別のどれが妥当か、プロジェクトチーム制がよいか、二次元のマトリックス組織は可能か、などで悩むことになります。「正解はない」というのが結論で、顧客満足に対する考え方、企業が置かれている環境、自社の能力などから独自の解を求めることとなります。

人事の改革は組織改革と連動する部分があります。組織運営に必要な人材を採用し、教育しなければなりません。企業が目指す方向と必要とする人材とが合致するに越したことはありません。とは言え人件費コストの増加は、企業業績に直接ひびきます。能力のある中高年者の活用も選択肢となるでしょう。年功序列制の崩壊と成果主義の導入が進んでいます。社員が情熱を持って自分の業務遂行に邁進し、大いに会社の業績に貢献してもらいたいというのは経営者の当然の願いです。年齢に関係なく、成果を挙げた者に厚く、そうでない者には薄く、が成果主義の狙いですが、課題も多くあります。成果主義をいち早く取り入れた富士通が、社員のやる気を低下させ、業績悪化を招いたのは有名な話ですが、人が人を評価する難しさに戸惑うばかりです。人事考課の透明性、客観性、納得性をどのようにして確保するか、各企業にとって重い課題といえましょう。

事業の改革こそ企業の将来の存続を左右する重要テーマです。商品やサービスを取り巻く市場環境や競争力を分析し、「今日の稼ぎ」、「明日の稼ぎ」、の源泉となるものを確保して行かなければなりません。中小企業といえども、市場調査、ＳＷＯＴ分析、ＰＰＭ（プロダクト・ポートフォリオ・マネジメント）、研究開発、製商品開発は不可欠です。インターネットの普及もあり、生産拠点も、市場もグローバル化しています。従来の殻に籠もっていたら取り残されてしまう時代です。自社の事業の選択と集中を徹底し、企業生命を賭けて改革に取り組むことが求められています。

プロセスの改革については、本節の冒頭でも触れましたが、現在の業務プロセスに疑いを持つことが肝心です。ＩＴという願ってもない道具を手中にしているわけですから、徹底的に無駄を排除し、効率化をはかることです。特に重要なのは、業務の流れのシームレス化です。とかく組織構造や業務処理手順が企業の内部事情で決められている場合が多いのですが、顧客に満足してもらうという観点で、途切れのないサービスや商品の提供を可能にするプロセス改革に注力する必要があります。このことは、企業内にとどまる問題ではありません。仕入先や納入先など、協力企業との連携にも留意することが肝要です。

財務の改革のメインテーマは、資本の調達です。金融機関からの間接金融を低下させ、株式など証券市場からの直接金融に努力しなければなりません。財務体質を抜本的に改革するためには自己資本を充実させることが第一です。株式上場は極めて有効な選択肢です。財務的なメリットに加えて、厳密な上場審査を経ることで、企業の経営力が飛躍的に強化し、取引先の信用も増します。同時に、中小企業が社会的に認知され、有能な人材を確保し易くなるという大きなメリットも享受することになるのです。

3 社員の意識を変える仕掛け

トップや経営陣の意識改革について、かなり執拗に書いてきましたが、ＩＴ化を支える社員の意識改革が重要なことは言うに及びません。企業風土の改革が、社員の意識を醸成する面が強くあります。環境変化に対応し、新しいことにチャレンジする機運が企業の中に充満していれば、社員の意識は嫌が上にも高まって行くことでしょう。**企業の革新力は、企業を構成している社員の高い意識に基づいています。**企業の革新的な風土や姿勢、社員の意識とチャレンジ精神、この両者が相互に影響し合ってよい循環に移行して行ければ、前途は洋々です。

風土や姿勢など抽象的な仕掛けに加え、より具体的な仕掛けが社員の意識を一層高めることになります。

自己実現がエネルギー源

さて社員は何故企業で頑張って働くのでしょうか。勿論経済的な理由が大いにあります。肩書きや地位も頑張るエネルギー源になることでしょう。成果主義が破綻しつつある企業では、「社員は給与のために働く」「社員はみな偉くなりたいものだ」と言う極めて短絡的な発想が支配しているように思います。しかし筆者の在籍した企業では、自分がもらっている給与や地位にあまり関心がない社員が結構いました。彼らは総じてよく働き、仕事を楽しそうにこなしていました。ＩＴ関連企業での話ですから、すべての企業に当てはまるわけではないかと思いますが、似た話はよく聞きます。彼らは異口同音に「仕事が面白い」と言います。「やりたい仕事がやれている」ことが、給与や肩書き以上に、やる気の根元になっているのです。筆者自身は「会社に貢献できている」ことがやり甲斐だったように思います。東京証券取引所への上場申請の責任者を命ぜられた時は、会社の期待を感じ、気力が一段と充実したものでした。上場審査は聞きしに勝る厳しさでしたが、難しい仕事を任された喜びは、得難い経験でした。「人間の最も上位の欲求」と心理学者マズローが定義した「自己実現への欲求」とはこのようなものかと実感したものです。

社員の高い意識、やる気、チャレンジ精神を引き出すためには、企業風土や処遇に加え、企業が**社員に対し、自己実現のチャンスを提供**することが大事なのです。

意識の共有

さて本節では、ＩＴ化に対する社員の意識改革に言及します。

第一は**ＩＴ化の目的と方向に対する認識の共有**です。トップ、ＣＩＯ、ＩＴ部門が会社のＩＴ

化をどのように考えているか、どこを目指しているか、について、さまざまな機会をとらえてアピールする必要があります。社内報、イントラネットもそのための有力な媒体となります。定例会議にもＩＴ関係の人間が積極的に出席し説明するべきでしょう。

第二は**議論の場の提供**です。ＫＪ法などを活用し、部門の異なる社員が少人数で議論するような場を設定することです。会社の方向付けに対し、自分の意見を述べることがどれほど参画意識を高めるか、関係する方々が認識しなければなりません。

第三は**提言の汲み上げ**です。議論の場の提供と同様、普段から社員の提言を吸収する仕組みを作っておくとよいでしょう。ペーパーでも社内電子メールでも気軽に提言できることが肝心です。提言したことで個人が不利益を被ることのないよう、十分配慮するのも大事です。ＩＴ化のために全社横断的なプロジェクトチームを編成した場合は、チームメンバーは積極的に提言を汲み上げる努力が必要です。

第四は**情報リテラシー教育の徹底**です。ＩＴの基本と応用、当社のＩＴ化、開発するシステムの内容と使用法、情報活用法など、できればオフＪＴで教育するのが望ましいと思います。最近はｅラーニングを使った教育も充実してきています。予算が許せば、外部講師を呼んだり、部門のＩＴ代表者が外部の教育を受けてくるのも大いに刺激になります。
ＩＴ化が進むことで、社員はより人間らしい仕事に従事できること、自己実現のチャンスが増えることを理解すれば、社員の意識は格段に高まることでしょう。

意識改革の仕掛け

- ＩＴ化の目的と方向に対する認識の共有
- 議論の場の提供
- 提言の汲み上げ
- 情報リテラシー教育の徹底

4 意思決定とＩＴの関係

中小企業の経営者の行動パターンを、ＫＫＤ（経験・勘・度胸）に頼るものと揶揄することが多いのですが、Ｄをデータと読み替えたいと思っています。豊富な経験と商売の勘に加え、客観的なデータを重視した経営行動こそ望ましいと考えています。

ジャイアンツの長島さんは、現役時代から動物的な勘の持ち主として、頭抜けた存在でした。しかし監督になってからは、人並みはずれた勘に加え、緻密なデータ野球をも標榜していました。当たり前かも知れませんが、バッターの投手別打率、ランナーを置いての打率、投手の限界投球数、ランナーを背負った時の失点など、諸データをかなり忠実に重視していたようです。

データとは厳密に言えば、価値が評価されていない単なるメッセージです。ある状況下で価値が認められたデータを情報といいます。データを情報に変えるのが情報処理です。意思決定する人は、情報を基にある種の決定を行います。決定がなされたら行動に移行します。

データ　→　情報処理　→　情報　→　意思決定　→　行動

データには定性的なものと定量的なものが存在します。コンピュータは膨大なデータを記憶することが得意ですから、過去のデータをいつでも参照できるだけでも大いに利用価値があります。また定量的なデータはもとより、定性的なデータについても、記号化したり定量化したりすることで、情報処理を容易にし、情報への変換を可能にします。

意思決定のタイプ

サイモンは意思決定タイプを定型的なものと非定型的なものに分類しています。**定型的な意思決定**とは、日常的な業務、ルーチン業務、反復的な業務に関わる意思決定で、問題の所在や解決方法が分かっているものです。**非定型的な意思決定**とは、新たに発生した類型のない問題に関わる意思決定で、問題の所在や解決方法が不明確なものです。

意思決定とＩＴとの関係を考えるには、むしろアンゾフの組織階層に着目した、以下のような分類が分かり易いと思います。

●戦略的意思決定

企業を激しい環境変化に対応させていくための意思決定で、新規事業開発、新製品開発、設備投資、多角化、合併、企業買収、増資などで、もっぱらトップ・マネジメントが関与する

ような事項

●**管理的意思決定**

企業の目的を達成するための、資源調達、資源配分、組織、人事、財務などで、主としてミドル・マネジメントや管理部門が関与するような意思決定

●**業務的意思決定**

日常業務の効率的な遂行のための、生産管理、在庫管理、販売管理、物流、決済などで、主としてロア・マネジメントが関与する意思決定

変化の早い今日、企業における意思決定のキーワードは、スピードです。ＩＴは戦略レベル、管理レベル、業務レベルのすべての階層におけるスピーディな意思決定に対し、有効な道具となるものです。

特に企業のトップは、データを重視し、情報を大事にし、客観的な**事実確認に基づく意思決定の姿勢**を、

●組織階層と意思決定

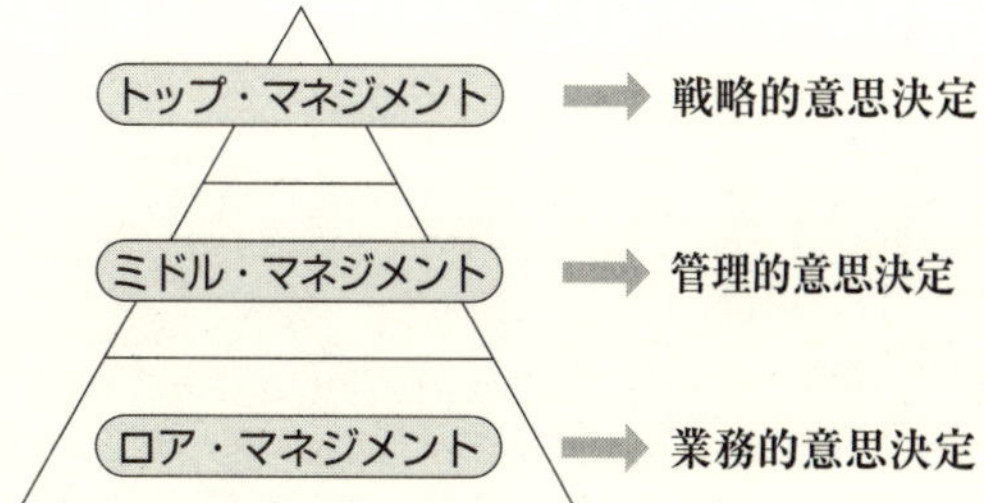

率先垂範して社員に示さなければなりません。

戦略的な意思決定に際し重要なことは、決定がもたらすさまざまなシナリオをシミュレーションすることです。楽観的なシナリオ、悲観的なシナリオ、中庸のシナリオに対し、得られている情報を与えて結果を推計することにより、何が望ましいかを判断する材料にすることができるのです。

管理的な意思決定では、管理会計的な手法を駆使して、必要な指標を設定することが重要です。時系列や業界平均などの各指標と、自社の指標を比較検討し意思決定や行動に役立てることが肝要です。

業務的な意思決定では、あるべき業務水準に対し、日々の状態に問題が有るか無いかを警告するような仕組み作りが重要なこととなります。

わが国で最も早くから定着している**POS（販売時点情報管理）システム**は、今や流通業界では欠かせないものとなりつつあります。特にコンビニやスーパーなどの小売業では、戦略、管理、業務のすべてのレベルで、POSは企業の生命線ともなりつつあります。POSでは、商品情報、顧客情報、従業員情報などがバーコードを読みとることで、瞬時に収集できます。例えば商品の販売時点で、いつ、誰が、何を、どれだけ購入したか、店舗ごと、単品ごとに収集可能です。商品の結果として、設備投資、店舗立地、商品開発、死に筋商品の抽出、販売促進、広報活動など経営レベルの問題、調達、在庫、財務、人事など管理レベルの問題、仕入れ、配送、品揃え、欠品管理、棚割り、陳列管理、レジ管理など現場レベルの問題などに的確な意思決定ができるようになります。また従業員の管理や賃金計算、顧客の購買履歴や購買傾向の把握なども可能となります。現在では、ＰＯＳは流通業の総合的な経営情報システムと言っても過言ではありません。

五つのＳ

さて本章のまとめして、５つのＳを提示したいと思います。

- １つ目は**戦略**（**Strategy**）の重要性です。
- ２つ目は組織の**簡潔**（**Simple**）**化**です。
- ３つ目は**シームレス**（**Seamless**）な業務処理の実現です。
- ４つ目は社員の意識改革の**仕掛け**（**Scheme**）作りです。
- ５つ目は意思決定の**スピード**（**Speed**）化です。

ＩＴ化取り組む大前提として、この５つのＳを十分に認識して戴くことが成功への糸口です。企業のトップはＩＴの問題を、正に経営の問題としてとらえなければならないと言うことを、重ねて指摘しておきます。

Column 7

情報共有とIT経営

企業で働く人々が、可能な限り情報を共有することは、企業活動を効率的、効果的に展開するための重要な要素です。共有する情報には、データ、情報および知識が含まれています。IT経営の時代の情報共有には、概ね三つの概念が存在します。

一つ目は日常業務を遂行する上で社員が当然共通に知っていなければならない情報で、**イントラネット**と**グループウェア**が最もポピュラーな手段となっています。イントラネットはインターネット技術を駆使した組織内ネットワーク、グループウェアは共同作業を行うグループメンバーを支援するために開発されたソフトウェアツールです。企業理念、経営方針、経営計画、経営情報、社規社則、人事情報、ニュース、行事情報などを掲載する電子掲示板のような機能、設備情報　生産情報、営業情報、商品情報、顧客情報、業務連絡、スケジュール管理、会議室予約、電子メールなど業務遂行に必要な情報の提供機能、業務に関わる情報の流れを管理するワークフロー機能など、情報共有の基盤となるものです。

二つ目は企業が保有する知識の共有と活用で、**知識データベース**とか**ナレッジ経営**などと呼ばれている分野です。組織や個人の経験・知識を蓄積したものが知識データベースです。蓄積された経験や知識を、さまざまな場面で再利用し、効率的な経営を可能にしようとするのがナレッジ経営です。成功事例、失敗事例、技術情報、生産や販売に関するノウハウ、顧客や取引先に関する固有の情報、発明など、企業の知的財産を活用する仕組み作りが重要になっているのです。しかし実現に当たっては、大変難しい問題があります。社員が保有している経験、知識、ノウハウを、どのようにしたら提供してもらえるか、ということです。組織内では、経験や知識やノウハウを持っている人材は、貴重な戦力ですから、彼らが必死で獲得したものを、喜んで開示すると思ったら大間違いです。顧客や取引先に密着して得た機密情報を、簡単に公開するはずもありません。結果として、どうでもいいようなガラクタ情報しか集まらないということになりかねません。また例えば名人芸のような熟練工の持っている微妙な感覚を、デジタル化することは極めて困難です。ナレッジ経営とか知識経営など、なるほど美しい言葉ですが、現実には道のり遠しと言わざるを得ません。

三つ目は協力**企業間の情報の共有**です。第3章でも触れましたが、ＳＣＭ（サプライチェーン・マネジメント）が脚光を浴びています。調達・生産・流通の流れがサプライチェーンです。製造業、卸売業、小売業を、あたかも一つの会社のように管理し、在庫圧縮やリードタイム短縮を図ろうとするものです。サプライチェーンに参加する企業間で、需要予測、生産計画、在庫情報、受発注情報、ＰＯＳデータなど、取引に必要なすべての情報を共有しようとするＣＰＦＲ（協同計画・予測・補給）も注目されています。系列企業のような運命共同体では実現性も高いのですが、各企業には機密事項も多く、お互いの企業がどこまで裸になれるかがカギとなります。

ＩＴ経営とは、ＩＴを有効に活用して、ビジネスのやり方を変えていこうとするものです。ＩＴの世界では、つぎからつぎに新しい概念が現れますが、どんなに新しい手法を取り入れても収益に結びつかなければ意味がありません。マスコミや雑誌や展示会で大騒ぎしているような手法やツールが、実際すぐに企業の収益に大きく貢献するとも思えません。ＩＴ経営とは、なんでもかんでも手当たり次第に、ＩＴ化することではないのです。新しいＩＴを知ること、それらが自社の業績向上に寄与するか否かを吟味することは必要ですが、企業経営の本質が一転してしまうはずはありません。トップマネジメントは、ＩＴに踊らされることなく、今こそ地に着いた経営のあり方、身の丈に合ったＩＴ化、を真剣に考える時かと思います。

第8章

ＩＴ化には戦略が必要

この章のキーフレーズ

■会社の戦略と各部門の要望を整理し整合させること
■場当たり的な戦略性のないＩＴ化は、必ず行きづまる
■パッケージで十分なもの、自主開発が必要なものを峻別
■他社とひと味違ったシステムで差別化
■得意分野、不得意分野を補完し合って、戦略的な連携を
■インターネットの時代を迎え、本格的なＳＩＳ時代に突入
■ネットビジネスも選択肢
■社内の制度や手続きに縛られる形式主義を排し、外部へ全力を
■全社ＩＴと部門ＩＴの住み分けと連動
■アライアンスから見れば、全社最適は部分最適に過ぎない

1 ＩＴ化戦略とは

ＩＴ化は企業戦略、経営戦略と整合していなければなりません。企業の目指す方向に逆らってＩＴ化を推進するほど不幸なことはありません。前の章で経営計画の中に、**情報化計画やＩＴ化計画**を盛り込むべきとの指摘をしましたが、現場任せのＩＴ化、成り行きＩＴ化を排除し、企業の戦略遂行を支援するようなＩＴ化が望ましいものです。経営トップがしっかりとＩＴ化を統治し、目的の不明確な、行き先不明のＩＴ化を防がなければなりません。トップは企業としての正しいＩＴ化に全責任を負っているのです。

一方ＩＴ化が現場の実態とかけ離れていては、絵空事のＩＴ化、机上の空論のＩＴ化になってしまいます。生産部門、販売部門、サービス部門、管理部門、企画開発部門、ＩＴ部門など社内の各担当の実状や要望を十分に踏まえたものにする必要があります。企業を取り巻く外部環境、内部環境を前提に、**会社の戦略と各部門の要望とを整理整合させ、全体最適なＩＴ化の戦略を策定**しなければなりません。

現場の要望を各個人からまちまちに聞き出していたら収拾がつきません。十人居たら十通り、五十人居たら五十通りの要望が出てきても不思議ではないわけです。先ずは組織ごとに、現在の業務の棚卸しをすることから始めるとよいでしょう。組織として担当しているすべての業務の状況を洗い出し整理します。同種同類の業務は、単位業務としてくくると同時に、業務の内容によっては、個人別に洗い出しをする必要もでてきます。

業務棚卸しからIT化計画へ

IT化の戦略を練り上げる手順について、枝葉を省略し、なるべく単純化して整理すると次のようになります。

● 戦略レベル、マネジメントレベル、オペレーションレベルの各階層で、外部情報、内部情報、**業務棚卸し**を基に、IT化ニーズをまとめる。ユーザ部門から選ばれたプロ

● IT化戦略策定の概念図

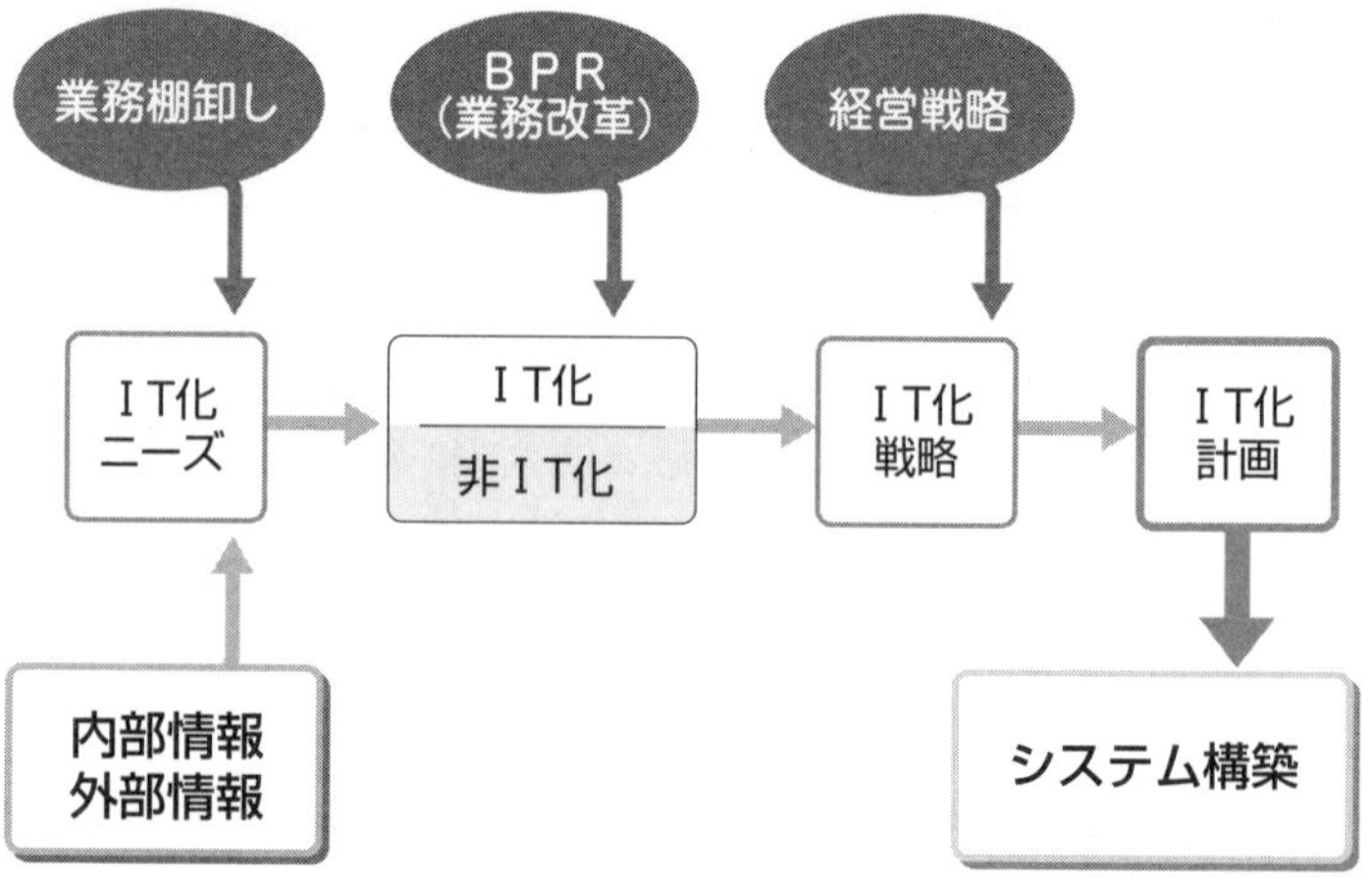

何故（Ｗｈｙ）	システム開発の背景
何を（Ｗｈａｔ）	システム構想
誰が（Ｗｈｏ）	組織、要員、外注
どこで（Ｗｈｅｒｅ）	開発場所、開発マシン
いつ（Ｗｈｅｎ）	開発スケジュール
どのように（Ｈｏｗ）	開発方法、利用パッケージ
いくらで（Ｈｏｗ　ｍｕｃｈ）	予算

ジェクトチーム・メンバーが中心になって推進。

- 現場から提起された**ＩＴ化ニーズ**を吟味し、ＩＴ化すべきもの、ＩＴ化する必要のないものを、ＣＩＯの指揮により選別する。前者をＩＴ系、後者を人間系と呼ぶこととする。
- ＩＴ系の抽出（要求定義）に際しては、現在の業務処理方法に疑問を持ち、出来るだけ簡素化（ＢＰＲ）した上で、ＩＴ化を目指す。
- 会社の経営戦略と現場のＩＴ化ニーズを突き合わせ、**ＩＴ化戦略**を策定する。ＣＩＯおよびＩＴ部門による調整が必要。
- ＩＴ化戦略を遂行するための**ＩＴ化計画**を策定する。
- ＩＴ化計画に基づき、データベース開発を含む**システム構築**につき具体化する。
- システム構築を終えて、システム運用とシステム管理に移行する。

システム構築の計画は、５Ｗ２Ｈで考えると分かり易いでしょう。

ＩＴ化やシステム構築の進め方は、一つではありません。「このやり方が絶対正しい」とは言い切れない類のものですから、企業の実力に見合った形で推進すればよいのではないでしょうか。留意すべき点は、**場当たり的で戦略性のないＩＴ化は、必ず行きづまる**ということです。ＩＴ化にも戦略が不可欠であり、その策定の責任者はトップです。その自覚さえ持って戴ければ、ＩＴ化は成功に向かって進むでしょう。

ＩＴ化の四つの領域

さて肝心なＩＴ化でカバーする領域について触れたいと思います。領域の中心に情報共有を据え、対外軸、内部軸ならびに日常業務軸と創造的業務軸に分けてみます。二つの軸が作り出す領域に業務効率化、意思決定高度化、他社差別化、

ＩＴ化領域の区分

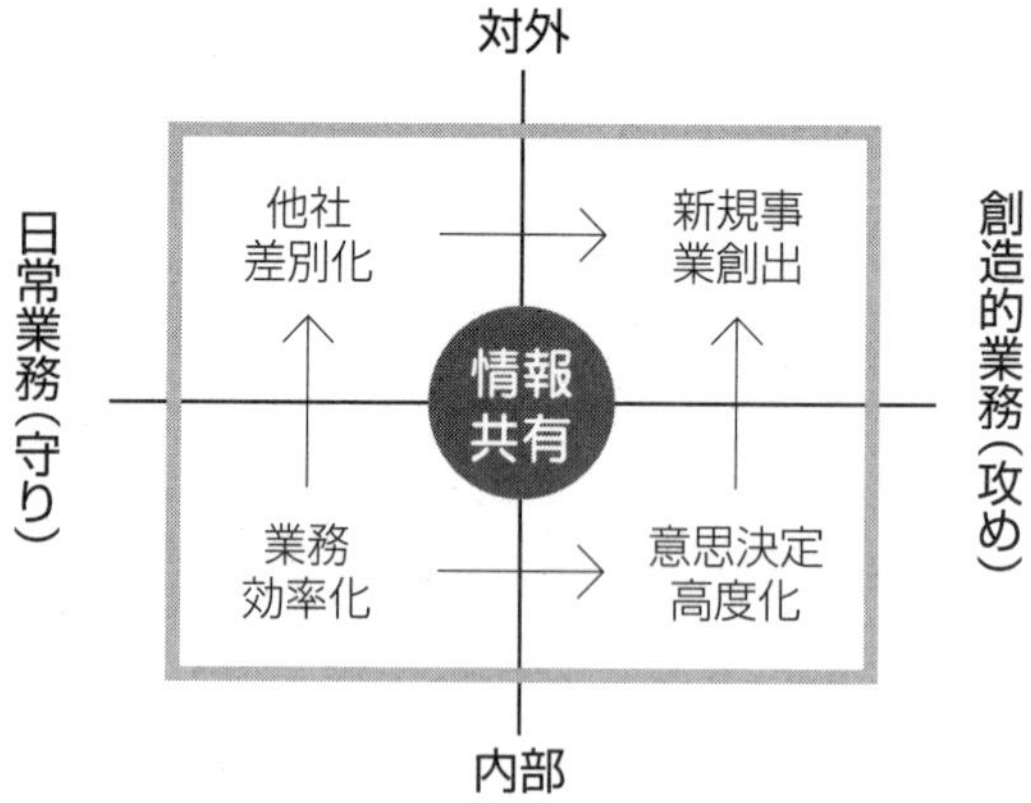

＊中央経済社「新しい経営情報システム」（大槻繁雄監修）を参考に作成

新規事業創出の四つの大項目を定義します。
企業におけるＩＴ化の多くは、これらの領域のどれかに相当するはずです。業務の効率化は、ＩＴ化の目標の第一段階と言えます。他社の差別化や、意思決定の高度化を支援するようなＩＴ化は第二段階の目標になります。さらに第三段階では、新規事業の創出を支援するような高付加価値を生み出す手段としてのＩＴ化を目指すことになります。情報共有はすべての段階で、ＩＴ化の基盤となるものです。ＩＴ能力の高くない中小企業では、第一段階を達成するためにも、かなりの努力が必要です。しかし身軽で小回りが利くという利点を生かし、第二段階、第三段階へとスピーディに対応することも不可能ではありません。

第一段階　業務効率化
第二段階　他社差別化、意思決定高度化
第三段階　新規事業創出

日常業務のＩＴ化を「守るためのＩＴ」、創造的業務を「攻めるためのＩＴ」と呼び代えて、次節で少し補足しておきます。

2 守るためのＩＴ

ＩＴは従来から、組織内の業務の効率化に寄与してきました。一九八〇年代のＯＡブーム、一九九〇年代のＢＰＲブームを記憶している方も多いと思います。ＯＡブームはワープロの普及による文書作成の効率化が引き金になっています。この頃から企業では手書き文書や手書き伝票が徐々に姿を消し始めます。顧客へ提出するドキュメントはもとより、社内の会議資料なども、格段に上質になって行きます。ワープロはやがて、豊富なソフトを備えたパソコンに取って代わられますが、パソコン端末を介してネットワークやコンピュータを駆使する現在の業務処理形態への移行に、一定の貢献をしたことは確かです。

ＢＰＲはビジネスプロセス・リエンジニアリングのことで、業務のプロセスを抜本的に改革し効率化を図ろうとする手法です。ＢＰＲの狙いは、

- 組織簡素化によるコスト削減
- 顧客満足の視点でのシームレスで質の高いサービスの提供
- 業務の統合による処理のスピードアップ

です。ここで目指している事柄は、なにもBPRなどと難しい言葉を使う必要は全くありません。企業として取り組まなければならない、しごく当たり前のことなのです。業務の効率化については、どの企業も力を注いでいますから、他社を差別化することは難しい部分です。同業種であれば、業務の流れも類似であり、企業の独自性を発揮するのも限界があります。従って業務効率化を支援するようなソフトを、自前で開発する必要があるか否か十分検討するべきでしょう。例えば、受発注システム、経理・会計システム、給与計算システムなどは、汎用のパッケージ・ソフトを導入する方がコスト的にも、納期的にも有利かと思われます。わが国の企業は、他社との違いにこだわる傾向がありますが、限られたIT投資にメリハリをつけ、**パッケージで十分なもの、自主開発が必要なもの、を峻別すること**が極めて重要です。

汎用パッケージで十分なものも

汎用パッケージとして世界的に普及しているのが、ERPパッケージです。第2章で触れていますが、エンタープライズ・リソース・プランニングの略で、統合業務パッケージと呼ばれているものです。このパッケージは、つぎのような機能（モジュール）を備え、日常業務向けの基幹システムを短期間、低コストで実現し、BPRの遂行を支援するものです。

- 会計モジュール（財務会計、管理会計、売掛金管理、資産管理など）
- 販売モジュール（受注管理、在庫管理、販売実績管理、購買管理など）
- 生産モジュール（生産計画、原価管理、工程管理、基準情報管理など）

ＥＲＰの特長はその汎用性にありますから、企業固有の業務処理方式に無理に合わせようとすると、ソフトの大改修となり、かえってコスト高になり、納期も遅れます。導入前に十分な業務改善、業務改革を行い、ＥＲＰが備えている機能に合わせることが必要になります。したがって単体の給与計算システムの導入などと違い、ＥＲＰコンサルタントとよく相談しながら導入する必要があるでしょう。特に中小企業の場合は、単体のパッケージを段階的に揃える方がよいか、ＥＲＰを導入する方がよいか、よくよく検討して欲しいものです。

他社差別化に知恵を

さて他社を差別化するためには、

- 物流のシステム
- マーケティングと顧客情報管理のシステム

●営業を支援するシステム
●サービス用システム
●情報提供のシステム
●人事情報システム

などがIT活用の分野になります。現状を十分に棚卸するとともに、新しいIT化の動向を注視し、**他社とはひと味もふた味も違う有効なシステムを開発**しなければなりません。

●流通チャネル間のリアルタイムでの情報共有
●顧客（むしろ個客）の購買傾向等の情報蓄積と分析・活用
●モバイル端末を携行した営業マンへの的確な営業情報・商品情報の提供
●コールセンター（顧客からの問い合わせに対応するセンター）の充実
●ウェブサイト（ホームページが置かれているインターネット上の場所）から提供する情報の内容充実と鮮度維持
●社員の経験やスキル情報の一元管理、人材評価・育成のシステム化

などを実現するような仕組みやIT化が望まれます。

守るためのＩＴ化の基盤となるのが情報共有です。業務の遂行に不可欠な情報を、イントラネット（インターネット技術を活用した組織内ネットワーク）などを使って、いつでも、だれでも見ることが出来るようにしておくことです。また業務上必要な情報の流れを管理するワークフロー機能なども、整備しておくと効率向上に役立ちます。電子メールによる業務連絡とか調整は、当たり前になっていますので、今さら言及することはないでしょう。

他社に遅れをとらないような業務処理の効率化から、さらには他社を差別化するようなＩＴ活用へと知恵を絞り、競争優位の体質を着実に実現して欲しいと思います。

情報開示とＩＲ

インターネットによる消費者や株主への企業情報開示が進んでいます。中小企業といえども、世の中で認知され、信頼されるためには、的確な情報開示や投資家向け広報（ＩＲ）が不可欠です。

ＩＲサイトの内容は、上場企業の有価証券報告書は別として、特に決まりはありませんから、各企業が自社のアピールしたい情報を的確に選択して開示すればよいのです。

今や地方の中小企業でも、インターネットを利用することにより、世界中に情報発信できる時代です。自社の強みを示す情報を積極的に開示することで、思わぬ顧客から引き合いがあるかもしれません。ホームページ作成、ＩＲサイト開設は、企業の基盤整備投資と考えられます。

3 攻めるためのＩＴ

攻めるためのＩＴとして、本書では意思決定高度化、新規事業創出を挙げました。意思決定とＩＴの関係は、第7章で述べています。トップが行う戦略的意思決定を支援するためのＩＴ活用こそ、攻めのＩＴと言えます。意思決定支援システム（ＤＳＳ）とかエグゼクティブ情報システム（ＥＩＳ）など、いろいろな概念が定義されています。経営者が重要な決定をするためのデシジョン・ルームなども研究されてきました。究極の意思決定支援システムは、航空機のコックピットのように、刻々変わる外部・内部の状態を表す情報、想定されるすべての選択肢が一覧でき、意思決定のもたらす結果が迅速に分かる仕組みです。インターネットやイントラネットの普及、データベース活用手法の高度化は、それほど遠くない将来に夢が実現するような期待を抱かせてくれます。

ＩＴ活用で戦略的連携

新規事業の創出を支援するようなＩＴ活用のキーワードは、技術・ノウハウの蓄積活用と戦略的な連携の促進です。市場動向や消費者動向と、社内に蓄積された経験、知識、技術、ノウハウとをマッチングさせ、新たな事業への進出の可能性を検討することは、企業存続と発展の基本です。また商品やサービスが多様化し、顧客の求めが複雑化している現在、すべての経営資源を一企業で賄える時代ではありません。**複数の企業が得意な分野と不得意な分野を補完し合い、戦略的な連携（アライアンス）を組むこと**で競争力を高める時代が到来しています。

攻めのＩＴでは、

- 意思決定や事業創造を支援するための情報蓄積・活用の仕組み作り
- アライアンスを実現し、効果的な企業活動を展開するためのＩＴ化促進
- インターネット、イントラネットの積極的な活用
- 戦略的情報システム（ＳＩＳ）の構築

への取り組みが重要課題です。

情報蓄積・活用で注目されている手法が、データマイニングです。江戸時代の商家がつけていた大福帳のような、加工されていない生のデータ集団から、価値のある情報を発掘する手法です。

顧客や商品やサービスに関し、相関、傾向、パターンなどを見つけだし、ビジネスのやり方に反映させようとする統計的な方法です。

複数の企業がアライアンスを組み、あたかも一つの企業のような関係を形成するのが、バーチャル・カンパニー（VC）です。インターネットの普及が、このような発想の実現を助長しました。協力会社間のネットワークをエクストラネットと呼びます。インターネット、エクストラネット、イントラネットを効果的に駆使することで、企業間の連携をスムーズにします。電子商取引やSCM（サプライチェーン・マネジメント）も、アライアンスの実効を高める有力な手段となります。

本格SISへ

戦略的情報システム（SIS）は、一九八五年代に登場し、ITベンダーのTVコマーシャルでも取り上げられたので、覚えておられるかと思います。

さすがに今では、「SISを電気屋で買ってこい」などと、とんちんかんな事を言う人はいなくなりました。そもそもSISが注目されたのは、米国の航空業界における座席予約システム（CRS）に関わる競争で、CRS戦争とも呼ばれました。アメリカン航空が優れたCRSを開発し、旅行代理店への設置を拡大させます。彼らのシステムは自社便を優先して表示するだけでなく、ホテル予約、レンタカー予約などとのリンク、マイレージサービスなどで他社を圧倒します。ＣＲＳ開発に遅れをとった航空会社は、アメリカン航空の傘下に入るか、倒産するかしかないような状況となります。さすがに米運輸省が乗りだし、アメリカン航空の優先表示の仕組みを禁止するほどでした。省力化、合理化の道具でしかなかったはずの情報システムが、企業の生死を分けた例ですが、情報システムが企業の戦略遂行の重要な手段と位置づけられたのもこの時代からなのです。ＳＩＳの概念は、その後も生き続けています。**インターネット時代を迎え、むしろ本格的なＳＩＳの時代に突入**しつつあると言えましょう。

ネットビジネスも選択肢

インターネット・ベンチャー企業が、プロ野球の経営に参加するほど、ネットビジネスが力をつけています。製造業に依存してきた日本の産業の構造が、大きな転換期を迎えているのです。第三次産業、サービス業の成長と相まって、インターネットを利用した新しいビジネス・モデルが出現しています。ネットビジネスを筆者は四つのカテゴリーに分けて考えています。

●既存ビジネスをインターネット利用型に発展させたビジネス

ネット証券、ネット広告、ネット調査、オンライン通販など

●インターネットを利用した新規ビジネス

ホームページ作成ビジネス、情報仲介ビジネス、eマーケットプレイスなど

●ネットビジネスを支援するサービス

セキュリティ・サービス、ネット認証サービス、電子決済サービスなど

●インターネット・ユーザ向けサービス

インターネット接続サービス、IDC（インターネット・データセンタ）、ASP（アプリケーション・サービス供給）、ホスティング・サービスなど

攻めのITとしての新規事業創造を検討する場合、インターネット利用による新たなビジネスの形態を模索することも、欠かせないテーマになります。闇雲に進出しても成功する分野ではありませんが、新たな商売道具の一つとして、選択肢に入れておくべき事項です。

4 全体最適というけれど

ＩＴ化の推進の方法として必ずテーマになるのが、部分最適と全体最適の問題です。本書でも全体最適こそ重要であることを指摘しました。ある単位組織にとって最も適当であると思われるＩＴ化が、全社的な視点から見ると不適当である、従って全社最適を目指さなければならないという理屈です。しかしよく考えると、そんな単純な問題ではありません。

部分最適も吟味

あるソフト会社が、営業情報の収集の仕組み作りに取り組んだ時の話です。ソフト会社など、ＩＴサービス企業の最大の弱点は、営業だと言われています。系列会社からの受託ソフト開発業務や要員派遣業務から出発した企業が多く、積極的に営業する習慣や体制ができていないのです。このソフト会社は、受託体質から脱するため、汎用のパッケージソフトの販売に力を入れようとしていました。受託業務の営業とパッケージの販売は、全く違ったものです。受託業務の場合は、「何かお手伝いできる仕事はありませんか」と言ったような、ご用聞き的営業の性格があります。

パッケージ販売は、モノの販売に似ています。商品カタログ作り、商品説明会や展示会、セミナー、パッケージのデモンストレーション、ダイレクトメールの発送、マニュアルの整備、媒体広告、などさまざまな方法で顧客開拓をしなければなりません。

営業マンからホットな情報を収集し、社長や営業本部長など、経営幹部がいつでも、それらの情報を見て、必要なアクションが起こせるようにするのが狙いでした。経営幹部の希望は、当然ながら詳しい情報を、迅速に知りたいとの事でした。情報源は営業マンですから、幹部の希望に沿うには、営業マンはその日の営業状況、客先との折衝の様子を、その日の内に整理し報告することとなります。電話が電子メールに代わり、電子メールがイントラネットに変わると、報告の書式が設定され、書式はどんどん改良され詳しいものとなって行きました。その結果、営業マンの負担は益々大きくなります。肝心な営業を早々に切り上げて帰社し、デスクで報告書作りに悪戦苦闘することとなります。「ホットな営業情報を吸い上げ、経営幹部も巻き込んだ全社的営業を展開する」という方針は、全体最適の観点から見て正しい発想かも知れません。しかし、この目的のために、営業マンの活動が制約されるようでは、本末転倒もはなはだしいと言わざるを得ません。このソフト会社では営業マンの反発が高まり、結局電子メールによる上司への報告のみに簡素化されました。書式も廃止されました。部分最適でいいではないか、との結論と見てよいでしょう。

ソフト会社のような例は、珍しくありません。**社内のＩＴ化が進むと、形式主義がはびこる懸**

念があります。外部との競争に全力を注がなければならない企業が、社内の制度や手続きに縛られ、身動きがとれなくなるという間違いに、意外と気づいていない会社が多いのです。

業務棚卸しからＩＴ系の項目を選別する段階で、全体最適か、部分最適かを十分に吟味し、ＩＴ化戦略に反映させる必要があります。各組織単位から選ばれたプロジェクト・メンバーの仕事の中に、「部分最適の抽出」を是非加えて欲しいものです。

やや話が堅くなりましたが、全体最適を「全社のＩＴ化」、部分最適を「部門のＩＴ化」と言い替えれば分かり易いと思います。便宜上、全社ＩＴと部門ＩＴと呼ばせて戴きますが、この両者の間に矛盾がないようにしなけ

●全体ＩＴと部門ＩＴの住み分け

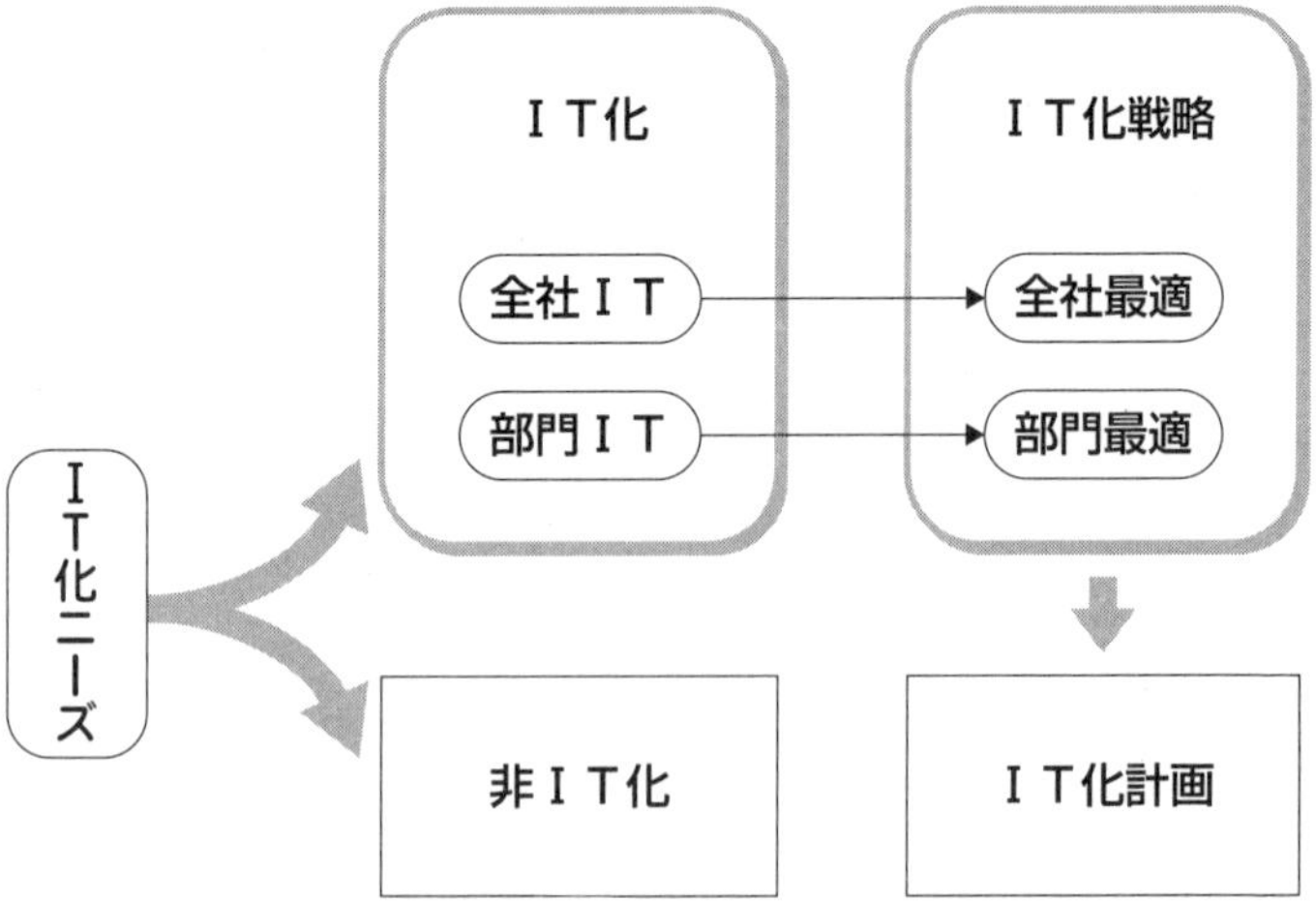

ればなりません。全社ＩＴと部門ＩＴは、重複投資を避け、相互に依存しあいながら、効率よく整備されることが望まれます。

- 部門から見ると、全社ＩＴのお陰で入力作業などの仕事が増えて困る。その割りに部門は全社ＩＴの恩恵をこうむっていない。
- 全社から見ると、部門は勝手なことばかりして、全社ＩＴに全く非協力的である。しかも、折角全社で整備したシステムやデータを、有効に活用してくれていない。

などの相互不信が起きやすいのです。ＩＴ化項目の選択と要求定義の段階で、**全社と部門の住み分けと連動**について、きちっと仕訳することが大変重要です。

特に入力については、

- 部門自身が業務上必要不可欠で、当然入力しなければならないもの
- 全社ＩＴの運用上、部門の本来業務とは別に入力を余儀なくされるもの

があり、後者については、入力を必要とする理由と効果について、部門の理解が欠かせません。ＣＩＯ、ＩＴ部門、ユーザ部門、プロジェクトチームの十分な連携が求められます。

企業間のアライアンスが重要な経営戦略となりつつありますが、協力企業群共通のＩＴ化を全体最適にすることも今後の課題となります。従って、**企業内の全体最適は、アライアンスから論ずれば部分最適に過ぎない**ことになります。これからのＩＴ化は、企業と企業の連携を密にするためのツールとして、その重要度を増して行くことでしょう。

Column 8

インターネットと電子商取引

本文の中でインターネットや電子商取引に頻繁に触れていますので、参考までに少し補足しておきます。

米国の国防総省が一九六九年からＡＲＰＡネットと呼ぶ実験を開始しました。当初は米国内の四つの大学に置かれた大型コンピュータを、電話回線で繋ぎ、お互いのコンピュータ資源を融通し合ったり、保有データを利用し合ったりする実験がなされていました。筆者は一九七一年に、情報サービス業界の訪米ミッションに参加し、ワシントンで、ＡＲＰＡネットの説明を聞いた時の興奮を今でも覚えています。漠然とですが、何かすごい時代が来そうだと思ったものです。それから二十数年後、ＡＲＰＡネットは、インターネットとして形を代え、驚くほどの早さで普及を始めます。この間世界の多くの研究者が、数々の独創的な技術を開発し、今日のような使い勝手のよいインターネットに成長させました。

わが国でインターネットが注目され出すのは一九九五年頃からです。総務省の調査による二〇〇三年末のインターネット利用状況を次頁に示します。

わずか七～八年で、すべての企業と九割り近い家庭に普及したような技術は、他に類をみ

インターネット利用者数	**7730万人**
（内パソコンからの利用者6164万人）	
人口普及率	**60.6%**
世帯普及率	**88.1%**
企業普及率	**98.2%**

ません。世帯普及率10%達成までの所用時間は、電話が七六年、ファクシミリが十九年、パソコンが十三年と言われていますから、インターネットの普及スピードが驚異的であることは歴然です。

何ごとも光があれば影があります。元来、研究者用のネットワークであったインターネットは、安全対策、セキュリティ対策が脆弱にできています。インターネットがさまざまに悪用されたり、ユーザが被害に会ったりする現状を看過するわけには行きません。この問題は、インターネット時代、IT時代が抱える最も大きな課題となっています。

インターネット普及の裏で、インターネットやITから疎外されている人たちがいます。年齢、収入、居住地、人種、性別などさまざまな要因で、ITの恩恵に浴せない人々の問題、いわゆるデジタル・デバイドの問題も深刻なものとなっています。

企業がインターネットを利用して行う商取引を、電子商取引もしくはEC（エレクトロニック・コマース）といいます。企業と企業の取引を**BtoB**、企業と個人消費者との取引を**BtoC**と呼びます。企業と行政機関との取引はBtoG、個人と個人の取引をCtoCと呼んでいます。複数の売り手と複数の買い手とが利用するECの場をeマーケットプレイスと呼んでいます。携帯端末を利用するＥＣをモバイルコマースと言います。経済産業省が二〇〇三年に発表したＥＣに関する市場調査の結果を示しておきます。

BtoB市場規模

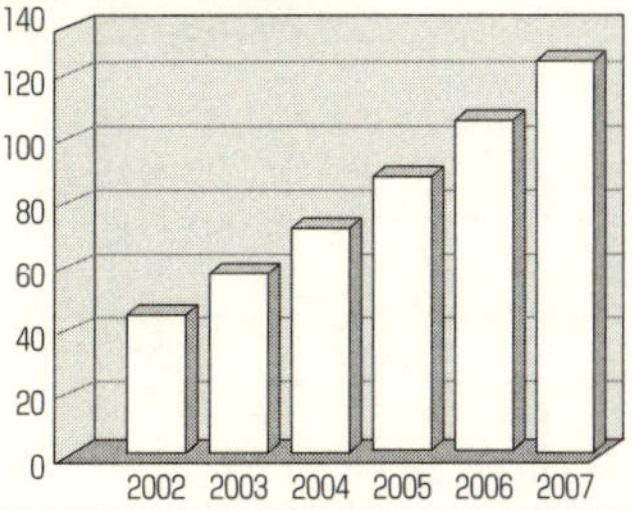

年	2002	2003	2004	2005	2006	2007
規模	46.3	59.4	73.6	89.7	107.2	125.7

（単位：兆円）

BtoC市場規模

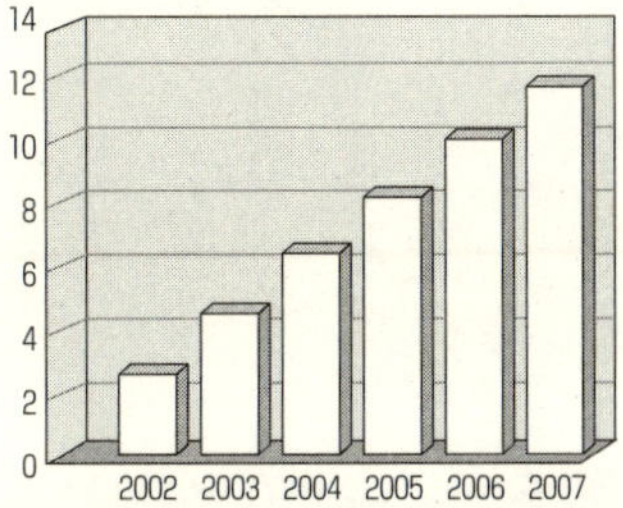

年	2002	2003	2004	2005	2006	2007
規模	2.7	4.7	6.7	8.6	10.6	12.3

（単位：兆円）

（注1）　いずれも2002年は実績、2003年以後は予測数字

（注2）　2002年のｅマーケットプレイス市場は4.7兆円（推計）
2002年のモバイルコマース市場は3,210億円（推計）

おわりに

この本を執筆中にも、「ＩＢＭがパソコン事業を中国企業に売却」のニュースが流れました。情報革命の主役であったパソコンの時代は終わろうとしているとの一部の報道も、ＩＴ関係者にはショッキングな記事でした。半導体の集積度がどんどんと高まり、通信技術も発達をつづける結果、ネットワークの端末が多様化し、利用者のパソコン離れが進むと言うわけです。たしかに携帯電話、高性能テレビ、デジタル家電など、インターネットとの接点は飛躍的に拡大していきます。無線ＩＣタグの実用化も進み、ユビキタス社会が身近なものとなりつつあります。従来型の固定電話がＩＰ電話に取って代わられるのも時間の問題かと予想されます。一方ソフトウェアやコンテンツの充実も着実に進展し、ＩＴ革命がやっと本物になろうとしています。

ＩＴ活用の環境が整いつつある今、中小企業のＩＴ革命も、いよいよこれから本番を迎えることになりそうです。ＩＴ化に未着手の企業、あまり効果があがっていない企業に、チャンスが訪れようとしています。ＩＴ活用が今まで不十分であった企業であればあるほど、改革の可能性を多く秘めていると言っても過言ではないでしょう。

本書で強調したかったことは、ＩＴ化を進める上で、経営者の役割がいかに重要かということです。「ＩＴは分からないから、すべて任せるよ」と言うような経営者が減り、ＩＴ化に正しく取り組む企業が少しでも増えれば、本書を出版した甲斐があるというものです。ITを技術の問題ではなく、経営の問題ととらえ、真剣に向き合って戴ければと思っています。

IT専門用語の使用を極力避け、出来る限り平易に解説するよう心がけたつもりですが、章によっては、とっつきにくい用語や表現が残ってしまったかなと反省しています。お詫びの気持ちを込めて、簡単な用語集を作成し巻末に載せさせて戴きました。横文字や英字略語がふんだんに使われているIT業界の特異性もありますが、「理解しやすさ」に対し、さらなる努力が必要だと認識しています。

ITマネジメント、ITガバナンス、ITケイパビリティなど、IT化に取り組む姿勢や能力に対する言葉が頻繁に使われるようになってきました。技術の重要性は指摘するまでもありませんが、IT化成功のカギは、むしろ人の心構えや行動にあるのだと言うことが、やっと理解され始めたように思います。本書もそのほんの一端を担えれば望外の喜びです。

駿河台出版社の山田仁さんの的確なご助言とご協力のお陰で出版が実現しましたことに、心から謝辞を申しあげます。

$$総合点 = \frac{(S)}{200} \times 100 = \boxed{\qquad\qquad 点}$$

総合的な理解度・影響度

下記のレーダチャートに、Aの合計点からＪの合計点までをプロットする。

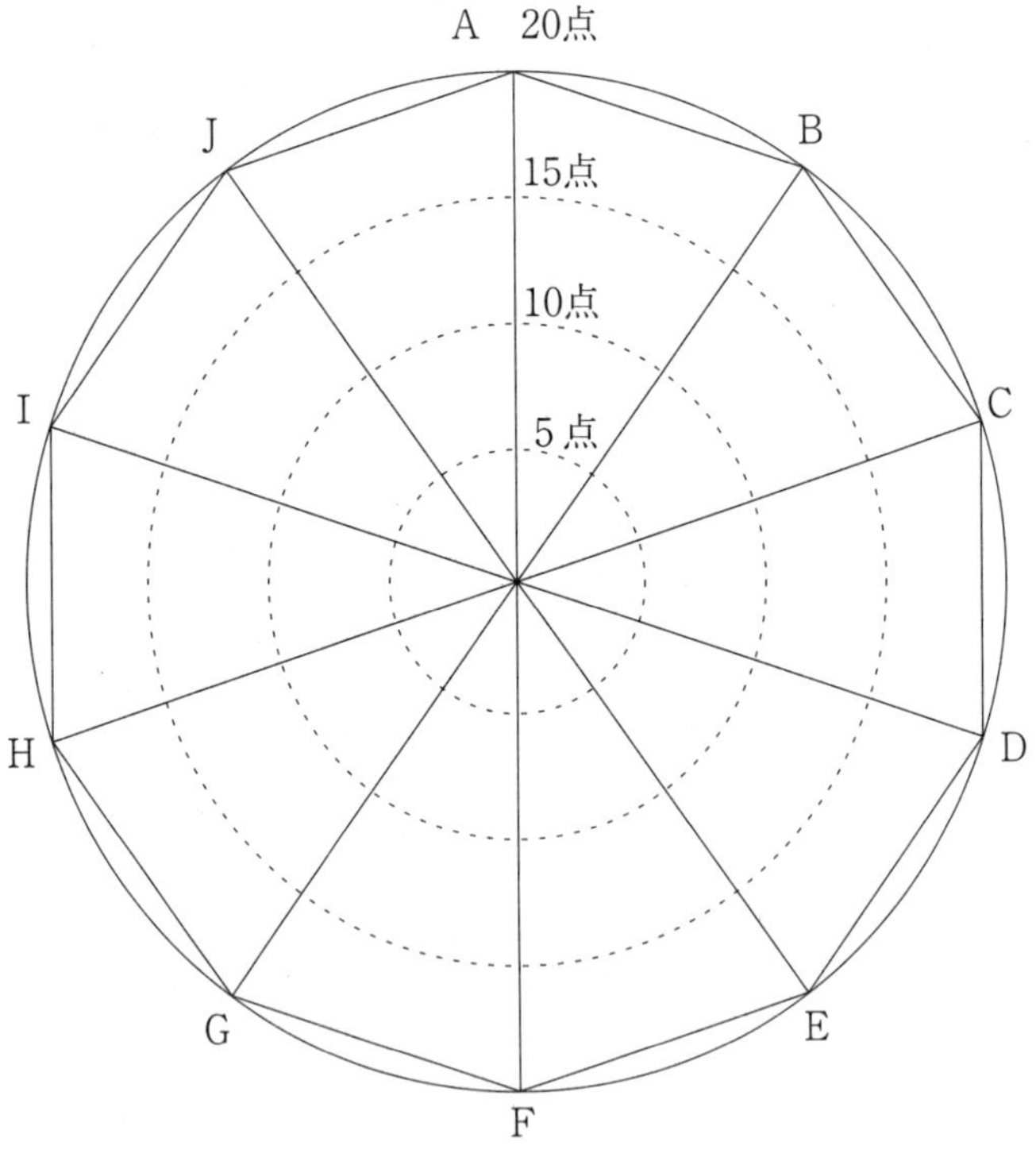

H．経営戦略に対する理解（第７章参照）

- 経営戦略とＩＴ化戦略を整合させる　4−3−2−1−0
- 経営計画にＩＴ化計画を盛り込む　4−3−2−1−0
- 新規事業展開にＩＴを活用する　4−3−2−1−0
- 業務改善より業務改革が重要である　4−3−2−1−0
- ＩＴで意思決定をスピードアップする　4−3−2−1−0

Ｈの合計点　　点

Ｉ．業務改革に対する理解（第７章参照）

- 社風、経営、組織、人事、財務の改革が重要　4−3−2−1−0
- 事業改革と業務プロセス改革が両輪　4−3−2−1−0
- 社員の意識を変える仕掛けが必要　4−3−2−1−0
- ＩＴ化目的を社員が共通に認識すること　4−3−2−1−0
- 社員に対し議論や提言の場を提供する　4−3−2−1−0

Ｉの合計点　　点

Ｊ．ＩＴ化戦略に対する理解（第８章参照）

- 全ての業務を棚卸しする　4−3−2−1−0
- 要求定義を明確にする　4−3−2−1−0
- 攻めのＩＴ活用・守りのＩＴ活用がある　4−3−2−1−0
- 全体最適と部分最適を融合させる　4−3−2−1−0
- ネットビジネスの可能性を検討する　4−3−2−1−0

Ｊの合計点　　点

Ａの合計点〜Ｊの合計点までの総合計＝（Ｓ）　　点

E．人に対する理解（第４章参照）

- ＩＴ部門には有能な人材を投入する　4−3−2−1−0
- ＩＴ部門とユーザ部門の人材交流を図る　4−3−2−1−0
- ＩＴ化のキーマンはプロジェクトマネジャ　4−3−2−1−0
- 進捗管理、ＱＣＤ管理を徹底する　4−3−2−1−0
- 要員不足はアウトソーシングでまかなう　4−3−2−1−0

Eの合計点　　点

F．ＩＴ投資に対する理解（第５章参照）

- 初期投資と運用投資がある　4−3−2−1−0
- 基盤整備投資が欠かせない　4−3−2−1−0
- 効率化投資は定量評価をする必要がある　4−3−2−1−0
- 戦略投資は業績向上度と定性評価で測る　4−3−2−1−0
- ＩＴガバナンスが重視されている　4−3−2−1−0

Fの合計点　　点

G．アウトソーシングに対する理解（第６章参照）

- 見積もりチェック、経費管理を徹底する　4−3−2−1−0
- 委託業務に関する文書化を徹底する　4−3−2−1−0
- 適任な要員の確保にこだわる必要がある　4−3−2−1−0
- 進捗管理の可視化に努める　4−3−2−1−0
- 機密保持の仕組みを作る　4−3−2−1−0

Gの合計点　　点

B．経営者の任務に対する理解（第２章参照）

- ＩＴ化戦略を示し必要な投資を承認する　4－3－2－1－0
- 情報担当役員（ＣＩＯ）を任命する　4－3－2－1－0
- ＩＴ化遂行組織と担当者を明確にする　4－3－2－1－0
- 情報リテラシー教育を行わせる　4－3－2－1－0
- システム監査を行わせる　4－3－2－1－0

Ｂの合計点　　点

C．情報担当役員（ＣＩＯ）に対する理解（第３章参照）

- 経営とＩＴが分かる幹部をＣＩＯに任命する　4－3－2－1－0
- ＣＩＯは業務改革の推進者である　4－3－2－1－0
- ＣＩＯは社長を補佐し全社調整を行う　4－3－2－1－0
- ＣＩＯは情報リテラシー教育を企画する　4－3－2－1－0
- ＣＩＯは全社の情報資産に責任をもつ　4－3－2－1－0

Ｃの合計点　　点

D．組織に対する理解（第３章参照）

- ＩＴ部門は重要な戦略部門である　4－3－2－1－0
- ユーザ部門こそＩＴ化の主役である　4－3－2－1－0
- ＩＴ化への全社コンセンサス作りが重要　4－3－2－1－0
- 全社横断的なプロジェクトチームを設置　4－3－2－1－0
- ＩＴ化に対する各組織の任務を明確にする　4－3－2－1－0

Ｄの合計点　　点

付　録

ＩＴ化チェックリスト

本書の内容についての理解度および行動への影響度を自己採点して下さい。各項目に対し５段階（４点～０点）評価となっています。全部で50項目あり、200点が満点となりますが、100点満点に換算したものを総合点とします。またレーダチャートにより、理解度、影響度を確認し、必要な復習を行って下さい。

基 準		
	十分理解し、行動への影響は大きい	４点
	ほぼ理解し、行動にかなり影響する	３点
	ある程度理解し、行動へ影響する	２点
	あまり理解していない、行動への影響は少ない	１点
	ほとんど理解していない、行動への影響はない	０点

Ａ．ＩＴに対する理解（第１章参照）

- ＩＴは経営の単なる道具である　4−3−2−1−0
- ＩＴは事務の合理化に役立つ　4−3−2−1−0
- ＩＴは業務処理を効率化できる　4−3−2−1−0
- ＩＴで他社を差別化できる　4−3−2−1−0
- ＩＴは新規事業創造に役立つ　4−3−2−1−0

Ａの合計点　　　点

WWW

World Wide Webの略で、スイスの研究所ＣＥＲＮが発案。インターネット上に点在する情報に効率よくアクセスできる仕組み。

X

XML

Ｗｅｂページのコンテンツを記述するための言語。従来の言語であるＨＴＭＬと違い、データの構造を自由に定義でき拡張性がある。

製品が属する市場の成長率と自社の相対的市場シェアから、選択すべき戦略を分析し確認する。

R

RFID→ICタグ

ROI

投資利益率。投下した資本に対して、どれだけの利益を生み出したかを表す指標で、資本の運用の効率を評価するもの。IT投資の効果評価にも利用できる。

S

SCM

製造業と卸売業と小売業間のサプライチェーン（供給の鎖）で情報を共有し、在庫や販売上の無駄を削減し、事業の効率を高める手法。

SFA

営業マンの活動を支援する情報システムで、商談情報の記録、営業効率の向上、顧客満足度の向上、管理者の効果的な指導などが期待される。

SIS

業務の効率化や省力化を目的とするシステムと違い、顧客の囲い込みや競争優位の確立など、企業の戦略展開を実現する戦略的情報システム。

SLA

サービスレベルに関する契約。ITベンダーとユーザの間で、提供されるサービスの範囲や品質を明確にし合意契約すること。

SOHO

Small Office Home Officeの略。パソコンやインターネットを利用して、自宅や小さな事務所で仕事を行うもので、在宅勤務や個人事業を実現できる。

T

TCO

ハード、ソフト等の導入により発生する総コストで、IT資産のみならず所要人件費や教育費、運用保守費用などのすべての費用が含まれる。

TQC

全社的な品質管理のこと。QCは製品の品質を管理する統計的な手法であるが、これを社員の積極的な参加による業務改善に応用。

U

UNIX

米国ベル研究所が中心となって開発したオペレーティングシステム。技術を公開したため、研究者や技術者の利用が多い。

V

VPN

仮想私設ネットワーク。通信事業者のネットワーク管理機能を用い、あたかも企業内の専用網のように使えるサービス。

VR

Virtual Realityの略で、仮想現実と訳されている。CG（コンピュータグラフィックス）等を利用し、仮想の世界を現実のように見せる技術。

W

Windows

米国マイクロソフト社開発の基本ソフト（OS）。パソコンのOSとして広く普及し、事実上の世界標準（デファクト）となっている。

格がＩＳＯ9000、環境管理・環境監視に関する国際規格がＩＳＯ14000。

J

Ｊａｖａ

米国サン・マイクロシステムズ社が開発したプログラム言語。安全性、信頼性、拡張性が高く、インターネット関連のソフト開発の主流になりつつある。

K

KM→ナレッジマネジメント

ＫＰＩ

Key Performance Indicator 重要業績指標。ＩＴ投資効果を評価するための、測定可能な物理量の項目。

L

ＬＡＮ

Local Area Network の略。構内情報通信網。企業内の全体や特定範囲で構築する通信ネットワーク。

Ｌｉｎｕｘ

フィンランドの技術者が開発したパソコン用ＯＳ（基本ソフト)。誰でも使用できるフリーソフトでありソースコードも公開、Windowsと競合するほど成長。

M

ＭＩＳ

Management Information System の略。経営情報システム。経営管理に必要な情報を、企業の各階層に提供するシステム。

ＮＰＶ

Net Present Value 正味現在価値。ＤＣＦを用いて、長期にわたるキャッシュフローを、現在の価値に換算した金額のこと。

O

ＯＡ

Office Automation（オフィスオートメーション)。事務所で発生する作業を機械化し効率を高めること。初期にはワープロの使用が主たるＯＡとされた。

ＯＬＡＰ

オンラインでの分析処理。ユーザが多次元のデータベースに直接アクセスし、情報の分析、加工等の処理を行う機能。

ＯＲ

オペレーションズ・リサーチ。軍事作戦研究のための数学的、統計的手法が、企業経営に転用されたもので、需要予測、生産計画、在庫管理等に利用される。

ＯＳ

オペレーティングシステム。コンピュータのハードウェアを作動させる基本的なソフトウェア。ＵＮＩＸ、Windows、Linuxなどがその典型。

P

ＰＣ→パーソナルコンピュータ（パソコン）

ＰＤＡ→携帯情報端末

ＰＯＳ

Point of Salesの略。販売時点情報管理。店舗内の端末から収集した販売情報を活用し、受発注管理、在庫管理、売れ筋分析などを行う。

ＰＰＭ

ボストン・コンサルティング・グループが開発した事業戦略選択の手法。

ＩＴを連携させ全体最適を可能にする手法。現状（ＡｓＩｓ）と理想（ToBo）をモデル化し次期モデルへの移行を計画・実施する。

ＥＣ→電子商取引

ＥＤＩ

電子データ交換システム。企業間で発注書、納品書、請求書などをネットワークを経由して電子的に交換するシステム。文書の標準化が進んでいる。

ＥＩＳ

企業のエグゼクティブが要求する情報を、タイムリーに、しかも要領よく提供するシステムで、非定型的な対応が求められる。

ＥＲＰ

生産、販売、人事、経理などの情報システムを、個別でなく統合的に管理することのできるシステム。各種のＥＲＰパッケージが用意されている。

ＥＵＣ

企業内のユーザが、自分の業務を遂行するため、自らソフトを整備したり、コンピュータを使いこなしたりすること。

F

ＦＡ

ファクトリーオートメーション。ＮＣ（数値制御）や工業用ロボットを利用した工場現場における機械化、合理化。

ＦＰ→ファンクションポイント

G

ＧＩＳ

地図情報システム。コンピュータを使い、地図の上に様々な属性を重ね合わせて分析するシステム。エリアマーケティングなどに利用されている。

ＧＵＩ

文字でなくアイコン（イメージ図形）をマウスで操作することで、パソコンとの対話ができるインターフェースのこと。

H

ＨＲＭ

企業にとって最も大事な財産である社員の実績や能力を一元的に管理し、効果的な人材育成や適材の配置を実現する管理手法。

I

ＩＤＣ

インターネット・データセンタのこと。顧客のサーバーを預かり運用を請け負ったり、ネットワーク・サービスを提供したりするためのセンター。

ＩＲ

投資家向けの広報活動であり、企業としての情報開示の一環。企業説明会、決算説明会、ホームページ活用など多様な方法で企業の評価向上をはかる。

ＩＳＭＳ

情報セキュリティ管理システム。国際的に整合性のあるＩＳＭＳ認定基準に基づき、㈶ＪＩＰＤＥＣが認定した機関が審査し登録する制度がある。

ＩＳＯ

国際規格を定める国際標準化機構。品質管理・品質保証に関する国際規

ＢｔｏＣ

企業と消費者間の電子商取引のことで、Business to Consumerの略。ネットショッピングがその典型。消費者同士のネットオークションはＣ to Ｃ。

ＢｔｏＧ

企業と行政機関との電子商取引のことで、Business to Governmentの略。電子入札や電子調達の拡大が予想されている。

C

ＣＡＤ／ＣＡＭ

ＣＡＤはコンピュータによる機械や構造物の設計。ＣＡＭはＣＡＤで得られたデータ等で制御装置や製造機器を動かし製品をつくること。

ＣＡＬＳ

製品情報を電子化し、コンピュータ・ネットワークを介して共有するシステム。製品の設計、発注、製造から流通まで一環してデジタル化する。

ＣＩＯ

企業の情報化戦略の推進を担当する役員。情報担当役員、情報統括役員、情報戦略統括役員などのことで、情報面でのトップの補佐役。

ＣＯＢＩＴ

米国ＩＳＡＣＡが提唱するＩＴガバナンスの成熟度の定義。ＩＴ戦略策定から運用までのプロセスに関し、成熟レベルを６段階で評価。

ＣＰＦＲ

メーカーや小売業が、需要予測を共同で行い、生産計画や販売計画に反映させる経営手法。ＳＣＭ（サプライチェーン・マネジメント）の発展型。

ＣＲＭ

顧客との取引履歴や顧客の属性をデータベース化し活用することで、効率的で密度の濃い営業活動ができるようにする手法。

ＣＲＳ

コンピュータを使った座席予約システム。航空券の予約が主であるが、ホテルやレンタカーの予約、マイレージ登録等多様なサービス機能を持つ。

ＣＳＲ

企業の社会的責任。企業は社会的存在として株主、顧客、従業員のみならず地域や社会のニーズに積極的に貢献することで、信頼を獲得し企業価値も高まる。

ＣＴＩ

コンピュータと電話を融合させた情報通信システム。主にコールセンターにおける顧客対応に利用されている。

D

ＤＢ→データベース

ＤＣＦ

投資案件により発生するキャッシュフローを、基準年度の価値に換算して投資の評価を行う。内部利益法、現在価値法の２つがある。

ＤＳＳ

意思決定支援システム。企業の経営者や管理者が意思決定するために必要な判断材料を、ＩＴを活用して提供するシステム。

E

ＥＡ

Enterprise Architecture。ビジネスと

ユビキタス

至る所に存在するという意味のラテン語。インターネット、携帯情報端末、ＩＣタグなどを駆使して、いつでも、どこからでもＩＴ利用ができる環境。

要求定義

システムに対するユーザの要求を明確にし仕様書を作成する。ユーザの要求は、業務の棚卸し調査を基に、問題点、改善点を踏まえ抽出する。

ら

リエンジニアリング

ＢＰＲ（ビジネスプロセス・リエンジニアリング）。全社的、抜本的な業務改革。ＩＴ化を成功させるために必要不可欠な前提となる作業。

わ

ワーク

－ステーション

研究者や技術者などの専門家が、個人ベースで使用できる高性能のコンピュータ。主にＣＡＤ／ＣＡＭやエンジニアリング用として利用されている。

－フロー

業務処理にともなう情報の流れをコンピュータで管理。情報の流をスムーズにし、業務処理の効率化を促進する。

ワードプロセッサー

文書の作成や編集を行うための専用機器もしくはパソコン用ソフト。パソコンの高性能化・多機能化やプリンタの進歩により、専用機は衰退。

英語・英略語

A

ＡＢＣ

製造原価を把握する手法。活動基準原価計算。製品ごとのコストを正確につかむため、間接費を厳密に配賦する。

ＡＤＳＬ

電話回線を使用し高速の双方向デジタルデータ伝送を実現する技術。送信速度と受信速度が異なっている。

ＡＳＰ

各種ソフトウェアの機能を、インターネットを経由して提供するサービス提供者。インターネット・データセンタ（ＩＤＣ）が運用するケースが多い。

B

Ｂｌｏｇ→ブログ

ＢＰＯ

システムの開発や運用のみならず、業務全体や業務の一部を外部に委託すること。人事管理業務や物流業務などを丸ごと委託するケースもある。

ＢＰＲ

リエンジニアリング。全社的かつ抜本的に行う業務改革。ＩＴ化取り組みの前提として、ＢＰＲを積極的に推進するのが望ましい。

ＢＳＣ→バランススコアカード

ＢｔｏＢ

企業間の電子商取引のことで、Business to Businessの略。ネットによる調達、ネットによる販売、ｅマーケットプレイスなど。

プロバイダ
サービス提供者。インターネットへの接続サービス業者はインターネット・プロバイダ。他にアプリケーションサービス・プロバイダ（ＡＳＰ）など。

プログラム設計
内部設計の結果を受けて、プログラムを幾つかのモジュールに分割する。各モジュールの構造、モジュール間のデータの流れを設計する。

プロジェクト

－管理
システム開発などのプロジェクトにおけるスケジュール管理、コスト管理、品質管理等。コンピュータを使ったプロジェクト管理ツールも開発されている。

－マネジャ
システム開発などを行うプロジェクトチームを管理する人。要員管理、進捗管理、作業効率改善、費用や機能・性能の管理などに責任をもつ。

ブログ（Ｂｌｏｇ）
Weblogの略称。個人が日記的に意見や論評を書き込むＷｅｂサイト。有力ポータルにはＢｌｏｇコーナーが用意されており、簡単に情報公開できる。

プロトコル
元は議定、協定、外交儀礼等の意。データ通信においては、送信側・受信側の間の約束事、手順、規則。通信規約。

ベンチマーキング
ベンチマークは基準や水準のこと。他社の指標を基準として自社を評価する経営手法。ＩＴ投資の評価に関しても、客観的な判断の目安として利用。

ホスティング
インターネット・プロバイダやＡＳＰが、ユーザにＷｅｂサーバやＩＴ資源を提供するサービス。

ポータルサイト
ポータル（portal）は門、玄関。インターネットの利用者が、真っ先に立ち寄るＷｅｂサイト。コンテンツや検索機能が充実した有名サイトが選ばれる傾向。

ホームページ
インターネットによる情報提供者が開設しているページ。組織が文字、画像、音声等を使って業務紹介を行っているほか、個人ホームページも増加。

ま

ミドルウェア
ＯＳ等の基本ソフトとユーザ向け応用ソフトの中間に位置するソフトウェア。データベース管理システム（ＤＢＭＳ）やＧＵＩなど。

モバイルコンピューティング
移動型の情報処理形態。オフィスの外から、ネットワークを経由して、携帯用ノートパソコン等で情報処理を行う。営業マン、外交員などが利用。

や

ユーザ部門
営業、生産、経理、人事、開発、企画など情報システムやＩＴを利用する各部門。ＩＴ化の受益者であり主役。ＩＴ部門とユーザ部門がＩＴ化の両輪。

ネットビジネス
インターネットを利用するビジネス、接続・運用するビジネス、セキュリティ関連ビジネス、付随ビジネス、支援ビジネス等。

は

パッケージソフト
不特定多数のユーザ向けに市販されている、汎用型のソフトウェア・プロダクト。適用業務ごとに多くのパッケージが流通している。

パーソナルコンピュータ（ＰＣ）
個人用のコンピュータ。小型化・高性能化・低廉化が進む。インターネットの端末機としても欠かせない存在で、企業や家庭に広く普及。

バランススコアカード（ＢＳＣ）
業績評価手法の１つ。財務の視点、顧客の視点、業務プロセスの視点、人材と変革の視点などから、評価基準を設定しその目標達成を目指す。

汎用コンピュータ
事務処理から科学技術計算まで、多様な用途に使用できるコンピュータで、メインフレームと呼ばれている。大規模な情報処理分野で広範に使われている。

ＰＤＣＡサイクル
Plan（計画）Do（実施）Check（点検）Action（改良）を継続的に繰り返し、改善を進めて行く品質管理の手法。業務改善をはかる経営管理手法として定着。

ビジネスモデル
ビジネスの仕組みや方法のことで、ネットビジネス等ＩＴを駆使した新しい事業分野で使われることが多い。特許の対象にもなり得る趨勢。

ファイアウォール
外部のネットワークからの不正な侵入を防ぐための「防火壁」のようなもの。社内ネットと外部ネットの間に設置するコンピュータや制御システム。

ファンクションポイント（ＦＰ）
システム開発の規模を見積もる手法で、システムが持つであろうファンクション（機能）ごとにポイント計算を行う。

不正アクセス
権限を持たない者が、他人のＩＤ・パスワードを無断使用し、またはセキュリティホール（抜け穴）を攻撃し、コンピュータへ不正に侵入すること。

部分最適
ある部門やチームにとって、最適と考えられるＩＴ化の推進。全社的な戦略や方針に沿って進められる全体最適との整合化が必要。

プライバシーマーク
企業等での個人情報保護に関する管理体制が的確か否かを審査し、合格した企業に使用を許可する固有のマーク。㈶ＪＩＰＤＥＣが運用、その指定機関が審査。

ブラウザ
ホームページの文書、データ、画像などを閲覧するためのソフト。米国マイクロソフト社のインターネット・エクスプローラが主力製品。

ブロードバンド
広域帯。狭域帯（ナローバンド）の数十倍の早さでデータを伝送。光ファイバー、ＡＤＳＬ、ＣＡＴＶなどで実現。動画等の大量のデータを伝送可能。

た

知的財産権

著作権や特許が知的財産権。コンピュータのソフトウェアは著作権で保護されているが、特許の対象にもなっている。

データ

－ウェアハウス

日々のデータを時系列的に蓄積、その膨大なデータを分析し、企業の意思決定や戦略の決定に利用する。

－ベース（ＤＢ）

相互関係のあるデータを、多様な目的に使用可能なように構造化し蓄積したデータファイルの集合。ＤＢを維持管理するソフトがＤＢ管理システム（ＤＢＭＳ）。

－マイニング

膨大なデータから、データの相関関係、傾向、パターンなどを見つけだし、経営やマーケティングに利用する手法。

デジタルデバイド

ＩＴを利用できる人とできない人の間に生じる格差のこと。国、地域、収入、年齢、性別などの諸属性により不公平な格差が生じ問題視されている。

テレワーク

情報通信機器を利用し、オフィスから離れた場所で仕事を行う働き方。在宅勤務、サテライトオフィスなどが実現できる。

電子

－決済

オンライン・ショッピングなどの決済を、ネットワークを介して行う。クレジットカード決済が主流となっているが、カード番号を暗号化し安全を確保している。

－商取引（ＥＣ）

インターネット等オープンなネットワークを介し、デジタル情報の交換によって商取引を行うこと。人やモノが移動するより広域で効率良い経済活動ができる。

－認証

インターネット上で取引を行う際、取引当事者双方の身分を保障する仕組み。一般に双方の身分を証明する認証サービス機関を利用することになる。

－マネー

貨幣に代わって決済に利用できる電子情報。電子商取引の決済や現金を保有しない場合の小口決済にも利用可能であり、実用化が進められている。

－メール

インターネットを通じて、文字や画像を交信するシステム。パソコンや携帯電話を用い簡便に送受信できるため、郵便に代わる通信手段になりつつある。

な

内部設計

コンピュータ処理の立場で行う設計工程。外部設計の結果を受けて、システムの機能をプログラムに分割し、プログラム間の相互関連を明確にする。

ナレッジマネジメント（ＫＭ）

個人や組織の知識、経験、ノウハウを企業の財産としてデータベース化し、社員が活用したり新たな付加価値を生み出したりする仕組みる事項についても決定、指示する。

－アナリスト

情報化戦略ならびにシステム化全体計画を立案し、システム構築や業務改革の推進を評価・支援する技術者。

－インテグレータ

ソフトウェア、ハードウェア、ネットワークを含めたシステム全体を一括して提供するするＩＴサービス業者。

－監査

情報システムの信頼性、安全性、効率性の監査。ＩＴ投資の目的高度化を踏まえ、2004年に経済産業省が新システム監査基準、新システム管理基準を発表。

シミュレーション

模擬実験のこと。開発したモデルに、想定される諸データを与え、事象の変化を予測するコンピュータ・シミュレーションが多くの分野で利用されている。

情報

－セキュリティ

情報資産を災害や過失もしくは故意になされる脅威から守ること。情報の漏洩、破壊、改ざん等の防止、システムのトラブルの予防など。

－リテラシー

リテラシーとは読み書きする能力。インターネットやパソコン等の情報機器を活用し、情報収集分析や資料作成を行う能力。

人事考課

従業員の業績、能力、態度等を上司が定められた方法で査定し昇進、昇格、賞与、配属、教育等に反映させる制度。近年は年功重視から成果主義に移行する傾向。

ＳＷＯＴ（スウォット）分析

自社のＳ（強み）、Ｗ（弱み）、Ｏ（機会）、Ｔ（脅威）を整理し、戦略作りやマーケティングに活かす分析手法。

成果主義

年齢や勤務年数に応じた年功型の賃金でなく、業績や成果を評価する方式。業績優秀者の行動特性（コンピテンシー）を判断基準に社員の成果を評価。

セキュリティ

－監査

情報セキュリティに関する監査。情報資産全般が監査の対象。経済産業省では情報セキュリティ監査制度を施行している。

－ポリシー

機密情報の外部流出を防ぐための社内ルールや責任体制を明確にし、社員教育や意識改革を徹底する。合わせて技術的な対策を講じる。

全体最適

組織全体の視点での最適なＩＴ化の推進。部門ごとに、勝手にバラバラに進める不効率なＩＴ化と対比し、全体最適を指向するべきとの考え方。

ソフトウェア・エンジニア

システム構築、ソフト開発にたずさわる技術者。システム分析・設計などの上流工程からプログラム開発や運用などの下流工程まで業務は多様。

ソリューション

企業の抱えている問題を、ＩＴを活用して解決すること。ＩＴ活用としては、情報システムの構築や新たなビジネスモデルの提案・提供も含む。

カスタマイズ

パッケージソフトなどを、ユーザの要望に応じて修正や変更をすること。一般に応用ソフトは一部カスタマイズして使用する場合が多い。

基本ソフト

オペレーティングシステム（ＯＳ）、言語プロセッサ、ユーティリティ等、ハードウェアに一番近く、コンピュータの核となるソフトウェア。

共通フレーム

ソフトウェアを中心とした開発および取引の作業内容を体系化し共通化したもの。ユーザとのトラブルを防ぐため、ＩＴ業界団体が共同で策定。

クライアントサーバー

ＬＡＮ、サーバー（ホスト機）、クライアント端末から構成されるネットワーク型の分散処理のシステム。サーバーとクライアントとで役割を分担。

グループウェア

電子メール、電子掲示板、電子会議、スケジュール管理等、グループ共同の作業をサポートするソフト。情報の蓄積・共有・活用により作業の効率化が図れる。

携帯情報端末（ＰＤＡ）

個人向けの携帯端末で、小型化、無線化が進み、モバイルコンピューティングの端末としても普及。ＳＦＡのツールとしても有効。携帯電話もＰＤＡの１種。

個人情報保護

ＩＴの発達で個人情報が流出したり悪用されたりする危険を、未然に防ぐこと。2005年から個人情報保護法が施行される。

コーチング

コーチと対話することで、受講者の潜在能力を引き出す人材育成方法。自分で問題解決ができる人材を育てるのが目的。管理者の必要スキルともなりつつある。

コールセンター

コンピュータを利用しながら、電話で顧客対応ができるような施設。クレーム処理や問い合わせのみならず、顧客開拓に利用する企業が増えている。

コンテンツ

情報の内容。テキスト情報、画像、音声などマルチメディア情報を、ソフトウェアと区別しコンテンツと言う。ウエブ上で扱っている情報もコンテンツ。

コンピュータウイルス

コンピュータに侵入して、第三者のプログラムやデータに障害を与え、正常に作動できなくするプログラム。メールで感染するケースが多い。

コンプライアンス

法令遵守。企業が法律違反や反社会的行為を未然に阻止するための、社内の監視体制や社員の教育啓蒙活動。

コンポーネント技術

部品、構成要素。部品化されたソフトウェア、すなわちコンポーネントソフトを組み合わせて応用ソフトを開発する技術。

さ

システム

－アドミニストレータ

利用者の立場で、ＩＴ化によるビジネス活動や業務活動の改善を推進指導する役割。システムの運用に関わ

アライアンス
本来は同盟、連合、縁組み等の意味。企業同士がお互いの強みを発揮して、戦略的な連携を組み、事業の差別化を推進すること。

暗号化
電子商取引等の際、個人情報を暗号化し、第三者による盗聴や悪用を防ぐ技術。暗号鍵で情報を暗号文に変換、復号鍵で元の情報に復元する。

e

－Ｊａｐａｎ
世界最先端ＩＴ国家を目指し、政府が取り組んでいる構想。情報通信ネットの高度化等インフラ整備に加え、多様なＩＴ活用の促進に注力。

－マーケットプレイス
インターネット上の商取引の場で、複数の売り手と複数の買い手間で取引相手を捜せる仕組み。ＢｔｏＢの１つの形態となっている。

－ラーニング
インターネットやイントラネットを利用した遠隔教育システム。自分の好きな時間に勉強ができるため、語学教育や社員教育に適している。

インターネット
米国防総省が開発したネットワーク技術から発展し、時間・空間を超えたネットワークとして世界中に爆発的に普及。ＩＴ時代の通信インフラとなりつつある。

イントラネット
インターネット技術を応用した企業内のネットワーク。企業外のネットワークとも容易に接続でき、社員の業務遂行に欠かせないツールとなってきている。

Ｗｅｂサービス
インターネット上で提供されているさまざまなアプリケーションソフトやその機能を組み合わせて１つのサービスとして提供する。

エクストラネット
インターネットを用いて企業間の情報交換を実現するネットワーク。取引情報の交換を容易にするほか、アライアンスの促進にも役立つ。

エスクローサービス
第三者預託サービス。ＥＣにおいて、売り手に代金が、買い手に商品が、確実に渡されることを保証する仲介サービス。宅配業者が行うケースが多い。

応用ソフト
業務遂行用のソフトウェアで、アプリケーションソフトと呼ばれている。メーカーから提供されるＯＳ等と異なり、基本的には自社で導入または開発する。

オープンソース
ソースコードが公開されているソフトウェアで、多くは無償で提供され、自由に修正したり配布したりできる。ＯＳのLinuxが代表的なソフト。

オフィスコンピュータ
事務処理の専用コンピュータ。オフィスの事務処理を中心に使用される小型機で、主として中小規模の企業で用いられる。

か

外部設計
ユーザの立場から見たシステム設計の工程。要求定義を受け、使用するコンピュータの仕様を意識せずに、システムの機能を設計する。

ＩＴ経営用語集

＊この用語集には、本文中に出てきた語のほか、筆者がＩＴ経営を理解するのに必要と思われる語を集めた。

あ

ＩＴ

－ガバナンス
ＩＴ戦略の策定やＩＴ化の実施を統括管理し、望ましい方向へ導く組織の能力。組織体制やプロセスの的確なコントロール。

－経営
ＩＴを活用した経営のことだが、ＩＴを経営革新や新規事業開発を実現するための戦略ツールとして、より積極的に活用する経営を指す。

－ケイパビリティ
ＩＴをツールとして活用する組織の能力。ＩＴに関する能力のみならず、企業全体の総合的な能力。

－コーディネータ
経済産業省の主導で設けられた資格で、経営とＩＴの両面から企業の経営者の相談に応じるホームドクター的な人材。ＩＴコーディネータ協会が運営。

－スキル標準
経済産業省が示した指針で、ＩＴ技術者が各職種サービスを提供する際に必要とする能力体系。企業の人材育成や個人のレベルアップのガイドとなる。

－部門
ＩＴ化を推進する専門部署。一般に情報システムの開発を担当する部署と位置づけられているが、ＩＴ化戦略の展開への積極的な参画が求められている。

－ベンダー
ＩＴ関連のハード、ソフト、サービスを提供する事業者。サービスとしては、調査、分析、コンサルティング、教育、システム運用保守、情報提供など多様。

－マネジメント
企業の戦略とＩＴ化戦略を整合化させ、ＩＴ化を的確に具体化していく経営管理プロセス。

－アウトソーシング
企業運営に必要な機能を外部から調達すること。コスト削減、本業集中、高度専門技術の活用などが期待できる。ソフト開発等では一般化している。

ＩＣタグ（ＲＦＩＤ）
ＩＣチップと無線アンテナを備えた非接触型の認識システム。記憶できる情報量が多く、小型化・低廉化が進めば、流通業界が一変すると期待されている。

ＩＰ電話
ＩＰはインターネットプロトコルのこと。インターネットの仕組みを利用した新しい電話。機能や料金の面で勝れており、主流になる可能性が大きい。

アフィリエイト
Ｗｅｂサイトの運営者が提携ＥＣサイトとリンクし、そのサイトの商品やサービスをＰＲした結果、販売に結びつけば、運営者が成果報酬を受け取る仕組み。

【著者略歴】

横山さだお（よこやま　さだお）
千葉大学理学部卒業
全日本能率連盟認定マネジメント・コンサルタント
日本経営士会認定経営士、横山経営研究所代表
敬愛大学経済学部非常勤講師

ＩＴ系シンクタンクに30数年勤務。科学技術分野のシステムアナリスト、基幹情報システム開発リーダー、国家プロジェクト「中小企業向け経営情報活用支援システム」開発リーダー、経営企画部門責任者、株式上場責任者などを務める。この間、（社）情報サービス産業協会のビジョン委員、行政情報化委員、技術委員、国際委員などを歴任。現在は経営コンサルティング、講演、執筆活動の傍ら、大学講師としてＩＴサービス産業論、情報活用演習などを担当。

経営情報学会、日本ベンチャー学会、日本シミュレーション＆ゲーミング学会、日本ビジネス・マネジメント学会、各会員

いまあなたの会社に必要なこと
企業IT化の教科書

●――――2005年５月10日　初版第１刷発行

著　者――横山さだお
発行者――井田洋二
発行所――株式会社 **駿河台出版社**
〒101-0062 東京都千代田区神田駿河台３－７
電話03（3291）1676番（代）／FAX03（3291）1675番
振替00190-3-56669
http://www.e-surugadai.com
e-mail info@e-surugadai.com
製版所――株式会社フォレスト
ISBN4-411-00361-9 C0034 ¥1500E